10 HABILIDADES ESSENCIAIS QUE FARÃO VOCÊ CHEGAR LÁ

Walter Longo

10 HABILIDADES ESSENCIAIS QUE FARÃO VOCÊ CHEGAR LÁ

AGIR

Copyright © 2024 by Walter Longo

Direitos de edição da obra em língua portuguesa no Brasil adquiridos pela Agir, selo da Editora Nova Fronteira Participações S.A. Todos os direitos reservados. Nenhuma parte desta obra pode ser apropriada e estocada em sistema de banco de dados ou processo similar, em qualquer forma ou meio, seja eletrônico, de fotocópia, gravação etc., sem a permissão do detentor do copirraite.

Editora Nova Fronteira Participações S.A.
Av. Rio Branco, 115 — Salas 1201 a 1205 — Centro — 20040-004
Rio de Janeiro — RJ — Brasil
Tel.: (21) 3882-8200

Dados Internacionais de Catalogação na Publicação (CIP)

L856d Longo, Walter
       10 habilidades essenciais que farão você chegar lá / Walter Longo. – 1.ª ed. – Rio de Janeiro: Agir, 2024.
       256 p.; 15,5 x 23 cm

       ISBN: 978-65-5837-176-2

       1. Aperfeiçoamento pessoal. I. Título.
                                    CDD: 158.1
                                    CDU: 130.1

André Felipe de Moraes Queiroz – Bibliotecário – CRB-4/2242

Conheça outros livros da editora:

Sumário

Introdução 7

Capítulo 1
Curiosidade 14

Capítulo 2
Entusiasmo 38

Capítulo 3
Otimismo 60

Capítulo 4
Adaptabilidade 86

Capítulo 5
Resiliência 110

Capítulo 6
Criatividade   134

Capítulo 7
Persuasão   156

Capítulo 8
Empatia   182

Capítulo 9
Foco   210

Capítulo 10
Coragem   236

INTRODUÇÃO

Eu não sou guru. Não acredito em gurus. E a base da minha falta de crença é entender que ninguém ensina a ninguém: o conhecimento é construído, seja individual ou coletivamente. Tenho tanta certeza disso que recentemente escrevi o livro *Abaixo os gurus, salve os guris*, no qual exploro as perspectivas distorcidas de quem espera transformar pessoas somente por intermédio de livros de autoajuda, cursos e mantras repetitivos.

Na minha visão, as pessoas aprendem e evoluem de forma autônoma, se e quando quiserem. A experiência mostra que mudar comportamentos e adquirir novas habilidades é uma porta que só se abre de dentro para fora. Por isso, este livro que você tem em mãos não ensina a ninguém como "chegar lá" nem como atingir o máximo de seu potencial. O que ele pretende fazer é indicar as habilidades essenciais e indispensáveis para se obter sucesso pessoal e profissional, com base nas tendências mais atuais do mundo pós-digital. São características que precisam ser consideradas na busca por uma vida mais plena e repleta de realizações, nos diversos âmbitos.

Isso que eu chamo de *habilidades essenciais* são traços intrínsecos da natureza humana, fruto da dualidade inclusiva de cada um de nós e oriundas de nossa essência e mera existência. Elas precisam ser entendidas em profundidade, para serem trabalhadas e lapidadas. Algumas você já tem, outras talvez não.

Este livro nasce da convicção de que, para prosperar e se destacar, é preciso ter, adquirir ou nutrir as seguintes características:

> **Curiosidade**

É a força propulsora que conduz a novos horizontes de conhecimento. É ela que nos instiga a questionar, a apreciar o desconhecido e a criar o novo. É a faísca para a inovação, nos levando a pensar em soluções que antes pareciam impossíveis.

> **Entusiasmo**

É a disposição que nos move a ter mais vigor nos papéis que desempenhamos, nos infundindo energia. É o que nos conecta a nossos projetos de maneira profundamente única.

> **Otimismo**

É o ponto de equilíbrio entre o pessimismo e a inconsequência. É a crença de que, mesmo em face às maiores adversidades, há espaço para crescimento e aprendizado. O otimismo não é negação da realidade, mas a decisão de ver além dos problemas e buscar oportunidades.

❯ Adaptabilidade

É a capacidade de enfrentar as intempéries que acompanham a mudança (fazer do limão uma limonada). Intrínseca à evolução humana, pode ser expressa de várias formas. Cabe a nós adotar aquela com que melhor nos adaptamos.

❯ Resiliência

"Tudo firme?". Esse simpático cumprimento, costumeiro entre pessoas com alguma familiaridade entre si, expressa a necessidade ubíqua da resiliência em nossas vidas. Diferente de estar "bem", estar "firme" significa que continuamos capazes de seguir em frente, de resistir e quem sabe até manter um sorriso no rosto, mesmo quando "bem" não representa exatamente o estado das coisas.

❯ Criatividade

Somada à curiosidade, é o motor da inovação. Permite-nos construir e habitar multiversos, sem depender da fisicalidade. A partir dela, é possível refletir sobre o passado, explorar o presente e moldar o futuro.

❯ Persuasão

É o que, atrelado à capacidade de comunicação clara e eficiente, nos torna hábeis para transitar e ter sucesso na era da colaboração e influência. Mais do que convencer, a persuasão nos habilita a inspirar pessoas.

❯ Empatia

É o que mais nos diferencia dos robôs. Prestar atenção aos outros e ler nas entrelinhas são importantes, mas a atualidade enfatiza outra habilidade de comunicação de natureza empática — a empatia digital.

› Foco

É o que nos faz direcionar energia e atenção aos nossos objetivos apesar das distrações que nos rodeiam, uma habilidade essencial diante do excesso de conteúdo e informações que nos impactam e sobrecarregam todos os dias. Na economia da atenção, o foco é o que nos ancora na realidade.

› Coragem

Viver sem medo é viver sem limites e quem faz isso se arrisca de maneira irresponsável. A coragem é a habilidade de conviver com o medo, administrá-lo, avaliar riscos e, então, enfrentá-lo de maneira consciente e calculada. Graças a ela, a humanidade se propôs a explorar territórios desconhecidos, das Grandes Navegações ao metaverso.

Neste livro, abordo a confluência entre todas essas habilidades e sua importância para o futuro das pessoas e das organizações. É preciso fazer uma análise individual e sincera de cada uma delas em nossa personalidade; só assim poderemos verdadeiramente entendê-las e reconhecer onde estamos e até onde elas podem nos levar.

Na história da evolução e do progresso humano, o futuro do trabalho se ergue como um horizonte permeado de inseguranças. Nesse cenário de constantes transformações, as antigas bússolas já não são suficientes para nos guiar. Diante da velocidade exponencial das mudanças tecnológicas, das complexidades das relações interculturais e das crescentes demandas sobre indivíduos e organizações, é essencial conhecer e dominar este conjunto de habilidades que supera o *corpus* técnico e penetra a natureza humana.

> **Avaliar nossas habilidades é uma nova forma de ver o mundo e se ver neste mundo.**

CAPÍTULO 1

Curiosidade

*Tudo aquilo que o homem desconhece não existe para ele. Por isso,
o universo de cada um se resume ao tamanho de seu saber.*

Albert Einstein

Quem lançasse um olhar atento à bela estação de trem da Paris das décadas de 1920 e 1930 veria muito além de locomotivas velozes e sinais do acelerado processo de gentrificação resultante do pós-Primeira Guerra Mundial. Mais do que frequentada, a cidade era habitada por trabalhadores locais, pequenos comerciantes e também por um garoto órfão que, dada sua condição, dependia da prática de pequenos delitos para sobreviver. Escondido entre o clássico maquinário dos relógios da estação, ele vagava no local onde antes teria vivido com o falecido pai.

Entre a necessidade de sobrevivência e o raso repertório de vida, o garoto órfão era alimentado por algo além dos restos de comida que conseguia surrupiar. O combustível de Hugo era uma curiosidade profunda, que o levava até a correr certos riscos para saciá-la. Um desses riscos estava ligado à morte do pai.

Quando faleceu, o pai de Hugo deixou alguns objetos no quarto onde moravam. Responsável pelo maquinário dos relógios da estação de trem de Paris, o homem tinha um interesse particular em mecanismos complexos e delicados. A curiosidade do pai pelos mecanismos dos relógios se transformou em prática, que resultou na criação de um autômato — uma espécie de robô primitivo capaz de executar uma tarefa predefinida. Estas foram as heranças que o homem deixou para o filho: um robô aparentemente incompleto e uma enorme curiosidade.

São esses elementos que levaram Hugo a uma busca incessante pela peça que poderia colocar em funcionamento o autômato deixado pelo pai, nem que isso lhe custasse a própria vida. Afinal, aquele robô era capaz de fazer algo; ele só não sabia o quê. Com a ajuda de uma amiga, a curiosidade (e a inconsequência) infantil o leva a uma descoberta ainda mais expressiva do que a peça faltante do autômato.

A jornada culmina não só na satisfação da curiosidade do menino, como também no surgimento daquela que se tornaria a sétima arte. A criação do cinema, pelo ilusionista e, logo em breve, cineasta Georges Méliès, se deve à curiosidade dele em relação ao aprimoramento dos seus truques de mágica, o que o fez refinar a técnica a ponto de criar algo totalmente novo.

Essa é a saga narrada em *A invenção de Hugo Cabret*, obra do premiado autor e ilustrador Brian Selznic, cuja vida é dedicada a transformar a curiosidade em arte e narrativa. O livro, que virou um premiado filme sob direção de Martin Scorsese, é uma ode à potência do combustível criativo, uma interessante apresentação de como o curioso encontra caminhos e resolve problemas de maneiras diferenciadas, chegando a resultados magníficos.

Dentre todas as habilidades humanas, a curiosidade não apenas é relevante, como também é a primeira a ser desenvolvida: *todas* as outras a sucedem. Ela está atrelada ao desejo inato de ver, ouvir, conhecer, experimentar, bem como ao impulso de buscar aprofundar-se em situações insólitas.

Toda criança é extremamente curiosa. Dos dois aos sete anos, elas veem a si mesmas como o núcleo em torno do qual o mundo orbita. Nessa fase do desenvolvimento (conhecido como período pré-operatório), a criança pergunta tudo, para tentar se situar no mundo e compreender o seu entorno. Essa visão autocentrada e a curiosidade em relação ao mundo que a cerca resultam na "fase dos por quês".

A partir da curiosidade infantil, se manifesta a imaginação, com a criação de brincadeiras lúdicas e amigos imaginários. Nesse momento, ocorre uma espécie de expansão do universo: a criança deixa de ser somente criatura e passa a ser também criadora.

Ou seja, uma habilidade extremamente importante para o decorrer da vida já se apresenta desde a idade mais tenra, e chega a todo vapor. No entanto, ao longo da vida precisamos continuar estimulando-a, resgatando cada vez mais a criança questionadora dentro de nós.

Como abordo de forma abrangente em meu livro *Abaixo os gurus, salve os guris*, a educação formal, e às vezes a própria educação social, acaba reprimindo a curiosidade, pondo-a sob o jugo da disciplina.

> "A repreensão à curiosidade tem origem bíblica.
> Plantada no Jardim do Éden, a Árvore do Conhecimento continha o fruto proibido ao homem por ordem de Deus.
> Adão e Eva foram expulsos do paraíso por cederem à curiosidade e se atreverem a comê-lo. A desobediência a Deus foi a verdadeira origem do ato pecaminoso, mas a curiosidade irresistível também ficou com a má fama do pecado original.
> Em tempos tão outros, hoje o derradeiro pecado é não ter conhecimento ou não se interessar por ele."
>
> *Abaixo os gurus, salve os guris*

Há experiências bem-sucedidas na área da educação que demonstram ser possível conciliar a necessidade de impor limites fundamentais para a criação de seres humanos e a importância de não gerar restrições ao potencial criativo das crianças. O Instituto Shikshantar (The People's Institute for Rethinking Education and Development), na Índia, conduzido pelo pesquisador em educação Manish Jain, é um exemplo disso. O projeto é dedicado a uma educação baseada no estímulo à criatividade, em contraposição ao formato industrial das escolas tradicionais, pautadas na lógica da escassez.

Minha curiosidade e imaginação foram bastante estimuladas quando eu era pequeno. Sou filho de dois professores. Minha mãe era muito imaginativa, meu pai, mais intelectual; ambos, porém, estimulavam a imaginação e a curiosidade. Minha vida em grande parte era preenchida pelo interesse em novidades, o que explica eu ter me tornado um especialista em tendências. Basicamente, o estímulo que recebi na primeira infância moldou meus interesses e meu destino.

Minha mãe se fantasiava e criava cenários lúdicos no quintal, envolvendo, inclusive, nosso cachorro. Nós nos transformávamos em personagens, recriávamos diferentes culturas, e nosso mundo se expandia dos limites da nossa casa. Essas vivências me marcaram muito. Afinal, quando um adulto, expressão máxima da racionalidade, mostra a uma criança o poder da imaginação, o exemplo que fica é o de que ser imaginativo e criativo é importante. A curiosidade, mais do que incentivada, passa a ser validada.

O segundo exemplo de estímulo à curiosidade vinha do meu pai. Nós morávamos em Mogi das Cruzes, no interior de São Paulo. Para chegar à capital, era necessário fazer um trajeto de uma hora e meia a duas horas dentro de um ônibus — o que nós fazíamos quinzenalmente. Durante o percurso, meu pai me fazia perguntas diversas. Como era professor de ciências, ele me questionava sobre o nome científico dos ossos do corpo, mas também sobre datas relevantes e outros temas variados, para testar meus conhecimentos gerais, sim, mas, principalmente, a minha curiosidade (afinal, era ela que me faria ir atrás das respostas). Então, antes de viajar, eu já me munia de informações e ficava pronto para responder à altura da expectativa dele. Minha recompensa era ver a satisfação nos olhos do meu pai a cada acerto.

As referências que obtive com meus pais, por exemplo, vão de encontro ao *adultocentrismo* que prevalece nos lares e nas escolas. O conceito se refere à perspectiva de uma sociedade centrada na valorização dos adultos como grupo dominante, em detrimento das vozes, necessidades e direitos das crianças e jovens.

Esse processo invisibiliza crianças e adolescentes enquanto sujeitos históricos e os concebe como meros protótipos de adultos, promovendo um apagamento da especificidade e do potencial desses sujeitos na sociedade. Isso implica desconsiderar e invalidar características e habilidades que sejam consideradas "infantis" — como curiosidade, imaginação e entusiasmo, as quais abordo neste livro —, colocando as crianças em uma posição de menor valor e de desprestígio.

O contrato social estabelecido pelos adultos não pode se impor sobre a curiosidade. O respeito às especificidades da criança é um meio de romper com o adultocentrismo, tão largamente difundido em nossa sociedade.

> Não é triste mudar de ideia. Triste é não ter ideias para mudar.
>
> *Barão de Itararé*

O fluxo da curiosidade

A curiosidade é matéria-prima essencial para a formação daquilo que chamamos de *repertório* — o "cardápio" de conhecimentos de diferentes áreas do qual somos municiados, oriundos das nossas experiências.

Durante minha infância, meu pai tinha o hábito de assistir aos concertos para a juventude nas manhãs de domingo. Eu odiava música clássica, mas acabava assistindo — ou ao menos ouvindo. Com o tempo, a interação dos instrumentos em uma ordem inesperada, surpreendente fez com que a música passasse a ter um novo significado e me despertasse também uma nova gama de sentimentos. Hoje acompanho assiduamente o trabalho da Orquestra Sinfônica do Estado de São Paulo.

Ter me permitido experimentar e vivenciar algo tão diferente quando ainda era muito jovem abriu um universo para mim. A curiosidade pela música clássica é uma das peças do complexo quebra-cabeça que forma o meu repertório, responsável pelas diferentes conexões que faço.

> A vida não se mede em tempo, e sim em quilômetros.

Menciono esse repertório e esse quebra-cabeça porque fazem parte do universo que nos ajuda a entender as três fases da geração de *insights*:

> - A primeira é a *informação*, uma fase aparentemente caótica e multifacetada, na qual se geram sinapses relacionadas ao assunto em questão. Hoje, somos bombardeados com informações que muitas vezes nos chegam sem critérios. Ao fazer uma busca no Google, por exemplo, encontramos milhares de links disponíveis e muitas vezes as informações são conflitantes.
> - A segunda é a *incubação*, quando todas as informações começam a se cruzar e criar um terreno fértil para a geração de novas ideias. Neste momento, fazemos a curadoria das informações já recebidas, classificando-as mentalmente e estabelecendo conexões entre elas e

nosso repertório. Aqui, a informação se aproxima mais de se tornar conhecimento.

> A terceira é a *iluminação*, na qual todas as conexões feitas se reproduzem e geram *insights* em torno de uma ideia, tese ou causa. Após receber as informações, fazer a curadoria, estruturá-las mentalmente e refletir sobre elas, as conexões resultam em novas ideias.

A *curiosidade* faz com que busquemos informações que serão processadas pelo cérebro. Essas informações compõem um sistema de *referências* que servirá como base para quaisquer outros pensamentos ou informações futuros. A partir da curadoria mental das informações, transformadas em *conhecimento embarcado*, são geradas novas *sinapses*, que se acumulam no cérebro e são reativadas a cada novo raciocínio. Tudo isso compõe o nosso *repertório*, que fomenta o processo de formação dos *insights*. Estes, por sua vez, alimentam a curiosidade, formando um ciclo virtuoso, que se retroalimenta e estimula o progresso, a inovação e a criatividade.

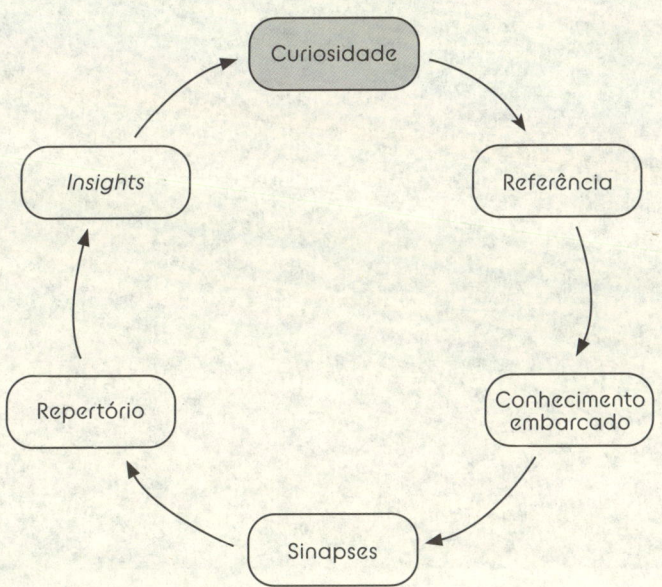

A construção e aquisição de conhecimento e a formação de *insights* dependem de um repertório prévio, gerado da busca ativa por informações. Se passamos a somente buscar informações e *consultá-las*, em vez de *absorvê-las* e refletir sobre elas, terceirizamos nosso conhecimento aos sites de busca, abrimos mão de um repertório interno e, principalmente, deixamos de alimentar a curiosidade. Lembre-se: aquilo que é vivo e não é alimentado morre. Por essa razão, hoje a falta de repertório é uma deficiência bastante comum.

> Vale reforçar que existem três tipos de curiosidade:
>
> **Curiosidade diversiva: O que está acontecendo?**
> Abrangente e superficial, é estimulada por nossa necessidade de sentir que estamos "por dentro de tudo", no controle do que acontece em nosso entorno. Está ligada a coisas mais frívolas, como saber o que aconteceu no último capítulo da novela, quem venceu o *reality show* do momento ou a partida de futebol de ontem, ou então qual personagem morreu no final da temporada da série.
> Serve como gatilho até para o FOMO (*fear of missing out*, ou medo de ficar de fora), sensação que leva as pessoas a abrirem mão de coisas mais relevantes (como trabalhar) para, naquele exato momento, saciar a curiosidade de algo mais banal (assistir à série, por exemplo). É uma espécie de "eu quero tudo, e quero agora"; se não for bem administrada, pode provocar distração.
>
> **Curiosidade empática: Com quem está acontecendo?**
> É a curiosidade sobre nossos semelhantes e a vontade de saber o que se passa com as pessoas. É uma faca de dois gumes, afinal tanto a curiosidade como a empatia são

características naturais do ser humano e habilidades fundamentais para sermos bem-sucedidos (falarei sobre empatia no Capítulo 8). Porém a curiosidade empática é a origem da fofoca.

Quando vemos o nome de alguém nos *trending topics* imediatamente corremos para clicar e ver o que aconteceu com essa pessoa (Ela morreu? Cometeu um crime? Assumiu um novo romance? Foi "cancelada" na internet?). Outro exemplo é o amplo interesse público gerado pelo caso recente da atriz mirim, hoje adulta, que entrou em disputa com os pais para ter controle sobre a própria carreira e fortuna. O imbróglio comoveu e despertou a curiosidade de todo o país, ávido por mais minúcias da família.

Curiosidade epistêmica: Por que e como as coisas acontecem?

Muito mais difícil de ser sanada do que as duas anteriores. Analítica e profunda, é o que nos motiva a saber a razão e as consequências de cada acontecimento. Esta é a curiosidade que alimenta a descoberta científica, mas também o jornalismo investigativo e o interesse por ele.

Quando um grande escândalo é noticiado, por exemplo, ele tende a despertar o interesse público por meio da curiosidade diversiva: "O que está acontecendo?" Contudo, em meio a tantos desdobramentos e à complexidade do caso, as pessoas começam a perder o interesse; e logo surge uma nova história a qual se apegar.

Quando um jornalista se debruça sobre um caso e passa a destrinchá-lo minuciosamente, por meio de histórias de bastidores, conversas privadas com fontes envolvidas, trazendo novos fatos e levando a novas conclusões, a história fica "quente" de novo. O mesmo vale para o avanço científico.

A pandemia da Covid-19 estimulou a busca acelerada por uma vacina capaz de conter a disseminação do vírus. Sob os olhos do mundo inteiro, cientistas testaram diferentes métodos para desenvolver o imunizante. O inusitado, nesse caso, é que, além de submeterem as descobertas ao escrutínio de seus pares acadêmicos, eles tiveram que fazê-lo também para os leigos, já que toda a população global acompanhava o processo.

O lançamento tão rápido do imunizante ao mercado despertou curiosidade e dúvida. Foi necessário um vasto trabalho de divulgação científica para tornar acessível um conhecimento bastante técnico. Era a curiosidade a favor da inovação técnico-científica.

O trabalho de sanar a curiosidade epistêmica de pessoas leigas era fundamental para assegurar a credibilidade daquelas descobertas. Entender a razão e o modo como as coisas acontecem pode não ser a forma de curiosidade mais imediata, mas é a mais abrangente e enriquecedora.

Se Galileu acreditasse incondicionalmente na ciência, teria seguido crente nos paradigmas científicos da época, preso ao geocentrismo, e não teria descoberto que, na verdade, a Terra é redonda e gira em torno do Sol. Então, apesar do contexto em que era clamada, a máxima "Acredite na ciência" não passa de bravata.

A ciência precisa ser questionada constantemente. Sempre foram o questionamento e a dúvida, e não certeza, que levaram às maiores descobertas da história. A curiosidade pelas minúcias e por provar em contrário teorias em vigor é o que promove a inovação. A fé deve se restringir a crenças que não se podem explicar. Cabe a concepções individuais ou coletivas, porém limitada ao âmbito religioso. Foi questionando que o mundo evoluiu.

A ciência da nossa ignorância impele a humanidade a saber mais. Ao dizer "Daria tudo o que sei pela metade do que ignoro", Descartes reafirma seu principal aforismo publicado em *O discurso do método* — "Penso, logo existo". O filósofo tinha noção de que quanto mais sabemos, mais curiosos nos tornamos. A dúvida leva à inovação.

> **Fé é uma maneira resumida de definir a crença ilógica na ocorrência do improvável.**
>
> H.L. Mencken

O problema é que o acesso fácil a uma quantidade enorme de conteúdo armazenado é que a curiosidade diversiva e a curiosidade empática só crescem, à medida que a epistêmica se reduz drasticamente.

Todo mundo quer saber da vida alheia ou se informar sobre frivolidades — e as redes sociais são ótimas para isso. No entanto, as pessoas quase nunca buscam se aprofundar em uma questão. Por exemplo, veja a quantidade de gente que lê o título de uma matéria e acha que já sabe tudo sobre o tema — ou pior, que nem se certifica de que a notícia tenha sido, de fato, publicada pelo veículo.

Conhecemos os riscos desse tipo de comportamento. O excesso de curiosidade diversiva somado à decadência da curiosidade epistêmica resulta em pessoas medíocres com síndrome de especialistas em tudo, mas que, na verdade, não sabem nada. É um tipo de degeneração do tecido social.

> **O mundo está cheio de testa oleosa achando que é mente brilhante.**

Esse fenômeno se aplica a diversos âmbitos. Por exemplo, sempre que eu recebia um candidato para uma entrevista de emprego e ele chegava fazendo perguntas sobre a empresa, a oportunidade de ele conseguir o trabalho já estava praticamente perdida. Em pleno século XXI, com o mundo disponível na palma da mão, é inaceitável que alguém não se informe previamente sobre a empresa à qual está se candidatando. Esse comportamento demonstra pouca curiosidade diversiva e, portanto, uma curiosidade epistêmica, analítica, quase nula.

Hoje em dia, qualquer pessoa pode saber o que uma empresa faz, o que os concorrentes dessa empresa fazem, que posição ela ocupa no ranking do setor, quanto que ela importa ou exporta de matéria-prima, onde fica a fábrica, quantos funcionários há no quadro. Se a pessoa já chega à entrevista munida desse repertório sobre a empresa, a conversa se torna muito mais rica.

Há duas décadas, conhecer o faturamento anual de uma organização era impensável, a menos que você trabalhasse nela e em algum setor estratégico. Hoje, essa informação, que pode ser um diferencial para conseguir uma vaga, costuma estar disponível a poucos cliques. Basta romper a barreira da curiosidade para chegar até ela.

Vivemos um momento no qual podemos saber quase tudo que quisermos, na hora em que nos der na telha. Esta é uma liberdade inédita na jornada da humanidade. Quinhentos anos atrás, apenas os líderes religiosos tinham acesso à leitura e informação, enquanto todo o restante da população residia na mais absoluta ignorância.

Em torno de trezentos anos atrás, a nobreza passou a ter acesso à cultura e à educação, e seus filhos passaram a frequentar as universidades europeias. Há cinquenta anos, quem morava nas grandes cidades passou a ter acesso a instrumentos culturais, bem como à informação mais amplificada, mas tal conhecimento permanecia restrito a esses grandes centros urbanos.

Há menos de duas décadas, as coisas se transformaram radicalmente. Qualquer pessoa com conexão à internet, esteja ela no deserto do Atacama ou no interior do Piauí, pode ter acesso ao conteúdo da Biblioteca Nacional do Congresso de Washington.

Testemunhamos um verdadeiro milagre, em seu sentido mais expressivo. A democratização do conhecimento é um acontecimento fantástico, que deve ser celebrado diuturnamente. Mas de nada adianta essa abundância de conhecimento e ampliação do acesso a ele se não tivermos a curiosidade para explorá-lo.

Certa vez, lendo sobre Revolução Industrial, me perguntei como as pessoas conseguiam chegar às fábricas na hora exata todos os dias, de modo que a linha de produção seguisse seu curso sem atrasos, já que não havia relógios ou despertadores na casa dos funcionários.

Após três minutos pesquisando na internet, descobri que havia uma profissão chamada *knocker-upper*. Espécie de vigia noturno, esse funcionário ficava acordado a noite inteira e, no horário marcado, batia com uma vara na janela das casas dos trabalhadores, para acordar a todos e garantir que chegassem à fábrica no horário certo.

Achei essa informação fascinante. Apesar de datar de mais de duzentos anos, era uma novidade para mim, e tive acesso a ela graças à vastidão de conhecimento disponível na internet, mas, sobretudo, graças à minha curiosidade. Sem as sinapses desenvolvidas durante uma leitura despretensiosa, talvez eu tivesse morrido sem saber de algo que faz parte da história do trabalho no mundo.

Em outro livro, descobri que os filhos dos reis no século XVII eram inimputáveis, de acordo com as crenças da época. Ou seja, não era possível repreendê-los para os disciplinar.

Minha curiosidade logo me fez questionar como aquelas crianças eram educadas, uma vez que não era permitido impor limites ao príncipe. Pesquisando, descobri que o filho do rei era criado junto de um menino da mesma idade, o chamado *whipping boy*. Como punição pelas malcriações do príncipe, o *whipping boy* era chicoteado na frente do amigo, para que o garoto intocável observasse a consequência dos seus atos em forma de flagelo no outro. Estimulado a ser empático com o colega (falarei sobre empatia no Capítulo 8), o príncipe buscava se corrigir. Saber disso me ajudou a entender a moral de uma época na qual a realeza era inimputável.

A curiosidade epistêmica muito em breve será uma espécie de província exclusiva das elites cognitivas. O mundo não estará mais separado por classes, etnias, origens, gênero, mas entre curiosos e descuriosos.

> Todos nós temos uma Biblioteca de Alexandria dentro do bolso.

Não transforme todo o fútil em útil

Polímatas (do grego *polymathēs*, "aquele que aprendeu muito") são exemplos de pessoas altamente curiosas. Sempre em busca de novas experiências, elas criam conexões entre áreas que, em princípio, estão apartadas.

Perceba que isso não é o mesmo que ser multitarefas. A pessoa que executa múltiplas atividades ao mesmo tempo talvez até seja mais produtiva, porém terá muito mais desgaste, o que se reflete nos resultados obtidos. Fazer mais não significa fazer melhor.

Aqui, a questão é incluir mais vida no seu tempo, em vez de ter mais tempo de vida. Uma pessoa curiosa é múltipla e sempre toma cuidado para não ficar perdida entre as inúmeras opções.

Dedicar-se a diferentes áreas ou temas exige uma atenção focada muito diferente daquela necessária para apenas andar e mascar chiclete ao mesmo tempo. E as conexões entre elas dependem, e muito, de tempo para reflexão — o famigerado ócio criativo (falarei sobre ele mais adiante).

Todo mundo precisa de momentos de *vagar*, de *divagar*, nos quais a mente possa perambular sem estar em busca de algo específico. O mundo digital nos faz ficar o tempo inteiro ligados em algo, na tentativa de tornar cada segundo mais produtivo, em detrimento do criativo.

Das tabuletas de argila babilônicas e da escrita cuneiforme até a difusão da leitura proporcionada pela prensa de Gutenberg no século XV, a leitura não estava associada ao prazer, e sim à necessidade de tornar a palavra eterna, em vez de efêmera.

Tudo mudou com a invenção da prensa. Os impressos aos poucos foram se popularizando e, consequentemente, barateando a ponto de a leitura se tornar parte da cultura popular. Passamos pela era dos folhetins, dos jornais e da publicidade impressos, que até hoje dividem espaço com as mídias digitais. A leitura era uma necessidade, mas também uma fonte de prazer. No entanto, nós ainda não lemos com a qualidade ideal.

Ler é um processo de coautoria. Sempre que lemos, estamos cocriando a narrativa em nossa mente; é preciso absorver o que está escrito, mas também elaborar tudo o que não está. Esse processo aguça a imaginação e gera mais *insights* do que o consumo de uma obra audiovisual, cujo estímulo sensorial é mais intenso. Ao ver um filme ou assistir a um documentário, somos espectadores passivos da criação alheia. Com a leitura, somos obrigados a participar, a imaginar.

Perceba que esta não é uma ode ao passado. A tecnologia inclusive é uma excelente aliada para facilitar a leitura. Por exemplo, costumo usar meu leitor de e-books para os livros relacionados à área de negócios, porque nele posso incluir notas, fazer destaques e buscar termos com mais facilidade. Os demais leio no papel, que permite uma experiência sensorial mais abrangente, ativando a criação de sinapses e conexões.

Uma pesquisa qualitativa feita em parceria entre as áreas de educação e psicologia da Universidade de Maryland, nos Estados Unidos, demonstrou que a leitura de livros digitais é mais superficial. Indivíduos que leram no papel obtiveram uma compreensão mais abrangente do texto, ao passo que aqueles que usaram dispositivos digitais leram mais rápido, mas perderam detalhes da narrativa. No entanto, o estudo não atesta uma inferioridade ao ato de ler em um e-book, e sim reforça a importância de uma leitura mais lenta e atenta.

É possível ser curioso em relação a um tema e assistir a um documentário para saber mais a respeito dele, por exemplo. A diferença entre ser telespectador e leitor não está no conhecimento advindo do consumo da obra, mas da forma com que esse conhecimento é absorvido.

Por essas razões, a popularização das diversas formas de mídias é uma faca de dois gumes. Se, por um lado, a leitura está extremamente acessível, por outro, é justamente por isso que vivemos uma epidemia de déficit de atenção, agravada pelo excesso de estímulos e informações pasteurizadas.

O resultado é uma população menos imaginativa e menos criativa no momento em que o mundo demanda por mais pessoas sonhadoras, criativas e imaginativas. Os processos produtivos tendem a migrar para a inteligência artificial. Hoje, precisamos de pessoas com potencial para criar um novo universo expandido — o metaverso.

> A curiosidade está para o conhecimento como a libido está para o sexo.
>
> *Eduardo Giannetti*

A mitose humana

Carl Gustav Jung dizia que "todos nós nascemos originais e morremos como cópia". O fundador da psicologia analítica defendia que o ser humano nasce com uma herança psicológica transmitida de geração para geração, de modo análogo ao que acontece com a herança genética.

Esse construto, que nos torna espécies de cópias daqueles que vieram antes de nós, deriva do que Jung chama de *inconsciente coletivo*. Ao passo que nosso inconsciente consiste em sentimentos e ideias individuais, o inconsciente coletivo é composto de sentimentos, crenças e paradigmas que acompanham determinado grupo social do qual aquele indivíduo faz parte.

Em suma, ao nascer somos uma composição genética, municiados pela habilidade primordial da curiosidade, ao passo que também somos moldados por pactos sociais. Ainda segundo a perspectiva junguiana, evocamos arquétipos de figuras históricas, personalidades ou referências vindas de diferentes culturas e crenças para compor nosso "eu". Sob esse aspecto, estamos fadados a morrer como cópias.

No entanto, voltemos à comparação com a biologia. Assim como a replicação celular gera células que são cópias idênticas da célula-mãe, mas que resultam em um DNA exclusivo, para cada ser humano, o construto da individualidade a partir dos arquétipos e do inconsciente coletivo gera indivíduos que também podem ser únicos.

> Quanto mais curioso você é, mais você busca respostas e informações. Quanto mais conhecimento você tem, mais percebe que não sabe de nada.

Se o inconsciente coletivo é a nossa herança psicológica, a curiosidade é a força motriz do nosso desenvolvimento. Antes da era digital, a curiosidade intrínseca diminuía à medida que o indivíduo passava da fase de desenvolvimento pré-operatório (dos dois aos sete anos de idade) e entrava no desenvolvimento operacional concreto (entre os oito e os 12 anos). As preocupações nessa última fase passavam a abarcar questões que envolvem a socialização, ou seja, os outros, deixando de ser mais autocentradas e dedicadas a compreender o mundo todo ao redor. Isso se dava porque, a partir do momento em que o mundo ao redor se torna mais claro e compreensível, o indivíduo pode se dedicar à compreensão de outros elementos.

O problema é que hoje tudo é novo o tempo inteiro. O que ontem era dado como certo amanhã pode nem existir mais. Os meios de comunicação, a mídia e o trabalho se transformam drasticamente. Para dar conta disso, primeiro é preciso se manter curioso. A segunda etapa do processo é transformar as informações obtidas em conhecimento embarcado.

Em 2023, o filme *Titanic* retornou aos cinemas em comemoração aos 25 anos desde sua estreia. O premiado clássico que conta a história real de um naufrágio junto da história de amor fictícia entre Jack e Rose move público e crítica, mas também desperta muita curiosidade. Afinal, como é possível que um navio daquele tamanho seja capaz de flutuar sobre a água?

O Google rapidamente nos explica que o transatlântico é construído de modo que a sua densidade seja menor que a da água, o que é possível graças à distribuição uniforme dos materiais durante a construção. Ok, dúvida sanada.

Uma pessoa dotada de curiosidade epistêmica, no entanto, vai querer ir além e saber o que pode causar um naufrágio, como evitá-lo, ou até por que o navio flutua, mas o submarino não. Alguém acomodado (ou *descurioso*, como me refiro no livro *Abaixo os gurus, salve os guris*) ficaria satisfeito ao responder à primeira pergunta. Como descrevo anteriormente, à medida que processa as novas informações, o curioso vai estabelecendo conexões, gera novos *insights*, e a sua curiosidade se retroalimenta

Ideias surgem de conhecimento embarcado em função da curiosidade e vêm espontaneamente para aqueles que alimentam o ciclo. Por isso os espertos estão cada vez mais espertos, e os estúpidos, cada vez mais estúpidos.

É por essa razão também que toda pessoa interessada é interessante. Afinal, ela sabe muito mais coisas além das corriqueiras e se torna um astro ao redor do qual as pessoas querem orbitar para conversar, trocar informações e debater. É um interlocutor do qual sempre sai algo inédito.

Fica cada vez mais evidente por que o candidato descurioso não tem a menor chance na entrevista de emprego. No *The Future of Jobs Report* de 2023, o Fórum Econômico Mundial aponta que 23% dos postos de trabalho passarão por transformações significativas nos próximos cinco anos. Ao passo que a necessidade de habilidades técnico-operacionais diminui no mercado, a busca por habilidades como criatividade, empatia e liderança crescem na mesma medida.

Perguntar "e se?" e explorar diferentes abordagens ajuda a encontrar soluções inovadoras e mais eficientes. A coragem (tema do Capítulo 10) também é estimulada aqui, ao passo que a curiosidade e a busca pelo pioneirismo levam a tomadas de decisão mais ousadas.

> **Ideia é como gato, e não como cachorro: vem quando quer, e não quando é chamado.**

Em meu livro *Trilema digital*, faço uma análise meticulosa dos novos paradigmas sociais resultantes da revolução tecnológica. Nele, desenvolvo o conceito que batizei de *exteligência*, ou seja, a inteligência em rede.

Coletivamente, estamos nos tornando cada vez mais exteligentes. Isso significa que estamos construindo redes e conexões de conhecimentos facilmente acessíveis e são, sim, relevantes para a sociedade como um todo. A questão é que, em nível individual, as pessoas estão menos inteligentes; o conhecimento embarcado é limitado. Somos cada vez melhores em trabalhar em equipe, mas nossa capacidade criativa, imaginativa e generativa está limitada.

Um bom exemplo dessa deficiência se expressa no trabalho remoto. Está cada vez mais evidente para as empresas que essa modalidade torna as pessoas mais produtivas, mas menos criativas, afinal o isolamento não permite que alguém gere um volume expressivo de ideias e *insights*.

Isoladas, as pessoas que são carentes de curiosidade e criatividade acabam sendo privadas da exteligência que antes operava como uma auxiliadora para gerar ideias em grupo.

Em um cenário ideal, quem trabalha sozinho em casa precisa ser capaz de manter um fluxo criativo alinhado à produtividade. Essa imersão engajada é o chamado *estado de flow*, um estado mental aparentemente relaxado, de prazer e imersão.

Estados de flow não surgem todos os dias; pelo contrário, eles vêm em momentos específicos. Nos curiosos, esse fluxo criativo e de produtividade é alimentado e mais facilmente induzido, uma vez que o flow resulta de uma combinação de características cognitivas, físicas e emocionais que inclui empolgação, curiosidade e repertório individual.

Na medida em que somos mais exteligentes, produzimos com mais eficiência. Mas a exteligência — e a produtividade — em breve poderá ser substituída pela inteligência artificial. Estima-se que os cursos de graduação como os conhecemos hoje possivelmente estarão extintos na década de 2030, de acordo com estudos nas áreas de ciências da educação, educação digital e liderança da Universidade de Sevilha, na Espanha. Isso significa que os egressos não estarão preparados para atender às necessidades tanto das organizações quanto da sociedade.

A prática das instituições de ensino cujo foco é formar profissionais com base em conhecimentos puramente técnicos gera um déficit que precisa ser superado. Estamos presenciando a morte do tecnicismo e uma mudança de paradigma quanto à missão dos seres humanos, que logo deixarão de produzir e passarão a ser demandados a sonhar. Se nós não somos robôs, devemos priorizar justamente o que nos diferencia deles.

> **Robôs podem ser produtivos. Somente os humanos podem ser curiosos e criativos.**

CAPÍTULO 2

Entusiasmo

Prefiro contratar um homem entusiasmado a um homem que sabe tudo.
John Rockefeller

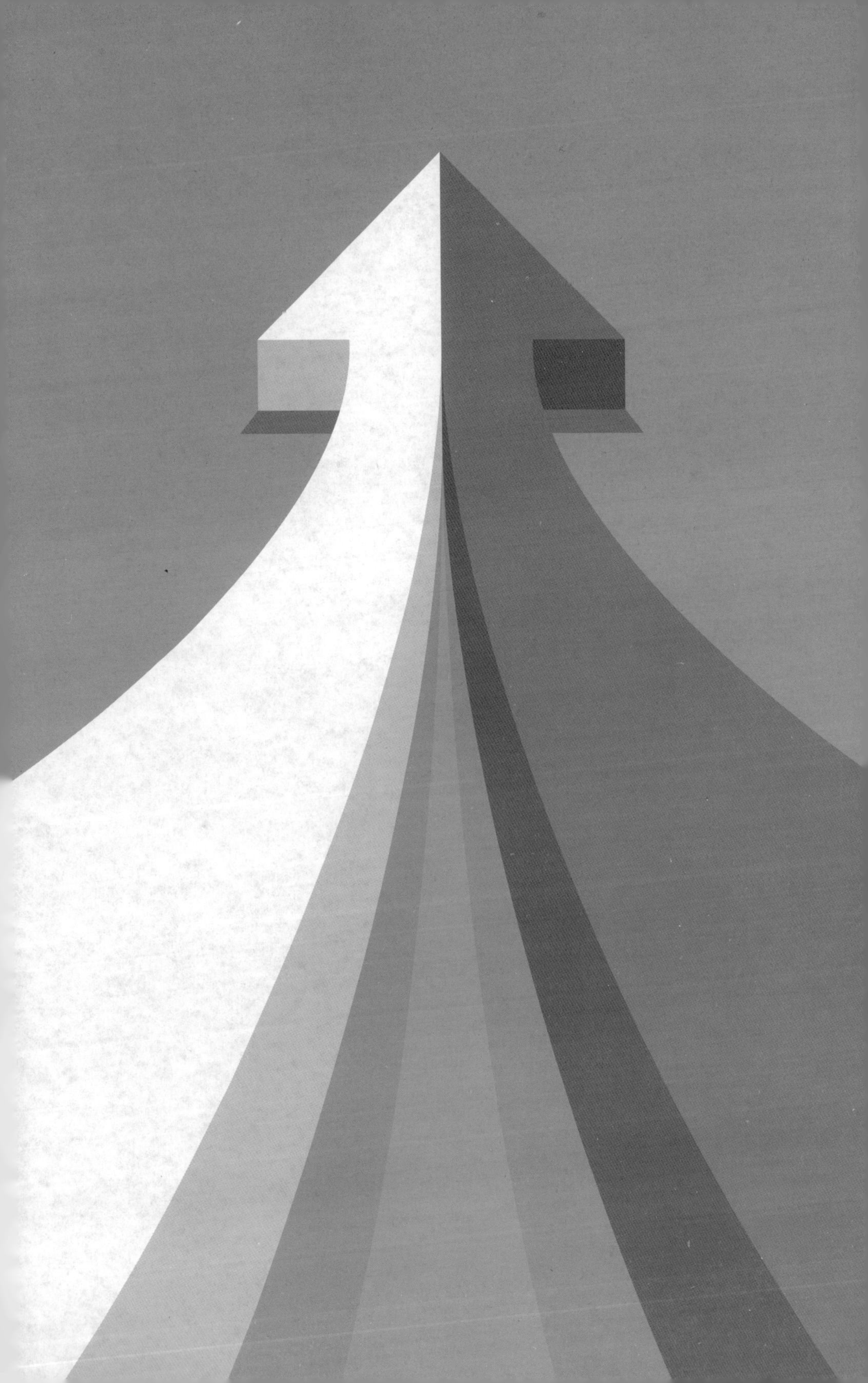

O século XVI foi um período de importantes rupturas sociais na Europa, com a ascensão de ideias que levaram a conflitos religiosos, mas também à efervescência de criações por parte daqueles que se voltavam à razão, à ciência e às artes.

Mais do que o criador da Mona Lisa, Leonardo da Vinci também foi um inventor prolífico, que se interessava por projetos como veículos automotores e instrumentos musicais. O veículo de autopropulsão, por exemplo, foi concebido por Da Vinci muito antes da invenção do automóvel.

O projeto consistia em um veículo de quatro rodas, com mecanismo de propulsão por molas e alavancas que controlariam a direção. O veículo foi imaginado para ser movido manualmente, por propulsão mecânica, sem depender de uma fonte de energia externa.

Embora o veículo de Da Vinci nunca tenha sido construído durante sua vida — assim como boa parte dos seus esboços, que ficaram limitados a viver somente nas anotações em seu escritório —, o artista seguiu criando novos designs e projetos para produtos que um dia poderiam transformar definitivamente nosso modo de viver.

Graças ao capital humano de indivíduos como Da Vinci, que somam criatividade e entusiasmo, a engenharia mecânica e automobilística pôde contar com *insights* importantes. Como dizem, o gênio italiano correu para que a indústria dos séculos XX e XXI pudesse andar.

No século XXI, enfrentamos novos eventos disruptivos que põem à prova nossa capacidade de adaptação e inventividade. Com o mundo mudando a uma velocidade exponencial, o capital intelectual sofre um processo de erosão, ou de inflação, semelhante ao que ocorre com o capital financeiro.

Em suma, quem não investe constantemente no próprio capital intelectual ficará obsoleto e perderá valor. À medida que isso acontece, o indivíduo vai ficando defasado, perde valor no mercado e, em última instância, se torna tão obsoleto quanto um carro movido a molas.

Sei que essa pode parecer uma perspectiva pouco gentil, mas é preciso levar em conta que a atualização do software embarcado no nosso cérebro está tão disponível quanto a atualização de um aplicativo em nosso celular. Quem segue investindo no próprio capital intelectual consegue se manter no mercado e ter valor incremental profissionalmente.

Mas se essa atualização é tão acessível, se as pessoas têm acesso às ferramentas para continuarem competitivas no mercado, o que impede tantas de se destacarem em suas carreiras ou até de sair do lugar? Assim como um carro não se move sozinho, o ser humano também precisa de algo que o impulsione.

É preciso ter *entusiasmo* para ir em busca de conhecimento, de informação e de relacionamentos, a fim de criar o próprio *big data* e utilizar essas conexões para avançar. Essa é a autopropulsão de que todos nós precisamos. Assim como a mola no carro de Da Vinci, o entusiasmo é o motor para nos mantermos ativos e relevantes no século XXI.

> Antes era preciso andar para não ficar no lugar. Agora, é preciso correr para não sair do lugar.

O combustível para a mudança

A palavra "entusiasmo" vem do grego *enthousiasmos*, que significa "ter Deus dentro de si". A capacidade de superar o cotidiano massacrante e as crises que atropelam como um rolo compressor, de lidar com o enfadonho e de enxergar valor no que é mais pueril reside em quem tem essa deidade dentro de si.

Perceba que, até aqui, não mencionei a necessidade de uma pessoa ter mais conhecimento técnico na própria área ou ter um cérebro brilhante, ainda que isso, até certo ponto, ajude.

É mais fácil aprender um ofício do que ter determinada atitude ou comportamento. Uma pessoa entusiasmada aprende qualquer ofício. Já uma pessoa que entenda bem seu ofício não necessariamente se transforma em alguém entusiasmado.

Por essas razões, as chamadas *soft skills* estão entre as habilidades do futuro, conforme aponta o Fórum Econômico Mundial. Enquanto as habilidades técnicas, ou *hard skills*, ficam cada vez mais a critério da inteligência artificial, as habilidades comportamentais e socioemocionais (as quais abordo neste livro) são o verdadeiro fator de distinção dos indivíduos atualmente. O maior desafio é que nada disso pode ser ensinado. É possível, sim, estimular tais habilidades; mas o problema é que também é possível sufocá-las.

O cerne da questão está no *desejo*, no ímpeto para dar um passo de cada vez e, dessa forma, começar a correr, cada vez mais rápido, para garantir o próprio espaço em um ambiente competitivo.

> O conformismo faz do gênio um inútil. O entusiasmo transforma o mediano em notável.

As perspectivas em relação ao mercado de trabalho para os próximos anos são de diminuição das vagas e de deterioração do crescimento ao redor do mundo. O Monitor sobre o Mundo Trabalho de 2022 da Organização Internacional do Trabalho (OIT) aponta que o aumento da inflação é uma tendência global.

Esses indicadores vão ao encontro dos acontecimentos mais disruptivos do século até então: a pandemia da Covid-19, que transformou nossa forma de viver e nos obrigou a repensar as formas de trabalho empregadas até então; e a guerra entre Rússia e Ucrânia, que impactou a economia do Ocidente e afetou sobretudo os países do sul global.

No Capítulo 1, reforço que, em um mundo que muda o tempo inteiro, se não formos curiosos, ficaremos para trás. Da mesma forma, tendo em vista o cenário que está posto e o que se avizinha, sem entusiasmo ninguém consegue se adaptar a tantas mudanças nem se manter motivado a enfrentar um mercado permeado por constantes crises.

No entanto, diferente da curiosidade, que é uma habilidade da qual somos inerentemente dotados, o entusiasmo é mais contraintuitivo. Isso porque ele vai de encontro ao medo, nossa resposta natural mediante um cenário de crise ou confronto. O medo é uma resposta evolutiva diante de situações desconhecidas e incertas, como forma de proteção contra um perigo ou ameaça iminente, que muitas vezes está associada à mudança.

A compreensão de que os perigos da vida moderna não são necessariamente evitados com o instinto de luta e fuga, como eram os riscos da vida selvagem mais primitiva, pode nos levar a dar respostas mais bem adaptáveis às mudanças oriundas da selva de pedra atual.

É preciso muito entusiasmo para ter a resiliência necessária não apenas para *suportar* a mudança, mas para *celebrá-la*. Em uma era de competição e meritocracia, as celebrações representam uma oportunidade de reconhecer conquistas tanto individuais quanto coletivas — neste caso, a conquista é a adaptação ao paradigma da mudança em si, que se torna também uma conquista cultural.

> **Pessoas não mudam, mas podem encontrar um outro endereço que já existe dentro delas.**
>
> *Zack Magiezi*

Entre o remédio e o veneno

Até nossa maior qualidade pode se tornar o nosso principal defeito. O que diferencia a medicação do veneno — e a qualidade do defeito — é a dose. A principal dificuldade em medir essa dosagem está em saber identificar o momento ideal para administrar cada dose. Como mencionei antes, o entusiasmo não é um elemento binário, modulado por dois valores opostos.

Em determinados momentos, precisamos de muito mais ímpeto; em outros, o entusiasmo excessivo pode nos levar ao erro e à insistência nele. A equalização para modular a dose é feita com base em nossa maturidade e experiência.

E é justamente essa dosagem que torna a vida tão interessante. Com o passar dos anos, nos tornamos mais equilibrados e maduros, ao passo que enfrentamos a perda do entusiasmo e a ascensão do cinismo. Em suma, cultivamos características positivas e relevantes, mas muitas delas arrefecem ao longo da vida.

> Ter desafios é o que faz a vida ser interessante. Superá-los é o que faz a vida ter sentido.
>
> *Joshua Marine*

O segredo de uma pessoa eficiente, feliz, eficaz e profissionalmente competente começa pela fórmula socrática mais clássica de todas: *conhece-te a ti mesmo (ou conhece a ti mesmo)*. O autoconhecimento é fundamental para que cada um saiba quais são as próprias virtudes, defeitos, desejos, motivações e limitações, e assim possa agir de forma coerente e fazer escolhas que reflitam seus valores e objetivos pessoais.

Ao se conhecer melhor, as pessoas podem desenvolver habilidades emocionais, aprimorar suas relações interpessoais e tomar decisões mais assertivas. Conhecer a si mesmo é um dom, mas também deve ser um objetivo a ser perseguido.

É preciso ter isso em mente, por exemplo, em um processo seletivo. Nada é mais encantador do que se deparar com uma pessoa entusiasmada durante a busca por um candidato. À primeira vista, a energia transmitida pela pessoa entusiasmada faz o recrutador pensar que ela é capaz de tudo. "Se ela não sabe, ela aprende" é a sensação que fica. No entanto, após uma conversa mais aprofundada, percebe-se que o otimista em excesso acaba tendo uma visão de mundo muito simplista, que menospreza a dificuldade.

Não confunda entusiasmo com resiliência. A primeira é uma habilidade que leva à ação, muitas vezes em um ímpeto produtivo que pode influenciar quem está ao redor. Já a resiliência é a habilidade de lidar com situações adversas, que se manifesta *a posteriori* (falarei mais sobre isso no Capítulo 5). Ambas, no entanto, precisam ser devidamente dosadas. O entusiasmo é fundamental, mas em excesso pode causar a perda de poder analítico.

Esse é um dos motivos pelos quais é tão difícil encontrar bons profissionais, em especial para ocupar posições estratégicas; às vezes a pessoa tem uma habilidade excelente, mas não sabe dosá-la. Por isso escolhi falar das dez habilidades ao longo deste livro. O sistema de excelência que o ajudará a ser bem-sucedido é uma equação composta de dez incógnitas cujo valor exato, ou quantidade ideal, precisa ser descoberto.

Uma vez que a gestão de pessoas não é uma ciência exata, essa dificuldade de julgamento faz a análise subjetiva e a heurística se sobressaírem à análise puramente técnica e racional.

A heurística é um atalho cognitivo que permite ao indivíduo tomar decisões com base em seu repertório; esse repertório, por sua vez, é composto de experiências, intuição e outras formas de pensamento não linear. O processo mental heurístico nos ajuda a encontrar soluções para situações complexas, sem necessariamente ter que seguir um método formal. Em relação ao ser humano, a heurística é parte da nossa interpretação e julgamento.

O risco é que a heurística acarreta vieses cognitivos e interfere na tomada de decisão consciente. Em suma, tendemos a valorizar no outro as características que nós temos ou aquelas que admiramos e desejaríamos ter. Por isso dizem que: não vemos a realidade como ela é, mas sim como nós somos.

Somos animais culturais

O entusiasmo é uma habilidade que pode ser expressa de diversas formas. Algumas culturas se manifestam socialmente de forma mais calorosa e intensa, enquanto em outras demonstrar entusiasmo mais abertamente pode ser considerado inadequado.

Na América Latina, por exemplo, é comum expressar emoções de forma clara e entusiástica, pois é uma cultura mais adepta de celebrações. Já alguns países da Ásia são mais adeptos do comedimento, expressando-se com moderação e entusiasmo contido, a seu ver como forma de demonstrar respeito.

No âmbito corporativo, manifestações de entusiasmo podem ser vistas como sinal de confiança e motivação. No entanto, é preciso haver uma cultura organizacional capaz de alavancar essa habilidade, em vez de suprimi-la. Cabe aos líderes e gestores implementar e fortalecer essa cultura.

Não dá para chegar a alguém e simplesmente ordenar: "Tenha fé!" Ou a pessoa tem, ou não tem. O mesmo vale para o entusiasmo. O ponto crucial é que existem nuances, assim como há uma carga de entusiasmo que pode estar sendo reprimida graças a fatores ambientais ou culturais.

Uma pessoa entusiasmada dentro de uma organização com uma cultura avessa a isso acaba sendo repelida, além de prejudicar o restante do grupo. Nesse caso, há duas opções: suprimir e arrefecer o próprio entusiasmo ou ser entusiasmado em outro lugar.

No entanto, tenha em mente que é possível, sim, estimular as habilidades humanas por meio de treinamento. Aqui, não me refiro somente a treinamento formal, mas sim à exposição a situações que demandam determinadas práticas e até à tentativa e erro. Nesses casos, entram dois elementos fundamentais: a *essência* e a *existência*.

A essência de algo se refere à sua natureza intrínseca, às características fundamentais e qualidades essenciais que definem determinado ser, e isso pode incluir características físicas, comportamentais e biológicas.

A existência, por sua vez, se refere à presença do indivíduo no mundo físico. É a manifestação da essência na realidade concreta. A existência de uma pessoa é influenciada por fatores sociais, ambientais e culturais. Ou seja, é a combinação das características com as quais você nasce e das características psicossociais com que você convive.

Muitas vezes nascemos com determinada característica, que é parte da nossa essência, mas nossa condição de existência interfere no modo como essa característica se manifesta, podendo ser fomentada ou suprimida.

A dualidade inclusiva entre a essência e existência é que permite ao indivíduo ser mais ou menos entusiasmado, de acordo com a cultura na qual esteja inserido. Da mesma forma, sua adaptabilidade interferirá no modo como ele interage com a cultura e o ambiente.

> Moderação é fatal. Nada tem mais chance de sucesso que o excesso.
> *Oscar Wilde*

Retornando ao tema, está claro que o trabalho remoto é prejudicial para a cultura corporativa, uma vez que ele esgarça o tecido social da organização. Dificuldade em estabelecer rotinas e manter a cultura organizacional são alguns dos desafios que esse modelo propõe.

No entanto, ele já é uma realidade consolidada. Resta às organizações fortalecer e propagar a cultura organizacional em um cenário no qual as pessoas não estão mais fisicamente juntas.

O relatório "Para além da revolução do híbrido: o paradoxo do trabalho flexível na América Latina", resultado da pesquisa feita pela WeWork e pela Page Resourcing, consultou mais de oito mil colaboradores em seis países da América Latina — Argentina, Brasil, Chile, Colômbia, Costa Rica e México. De acordo com o estudo, a flexibilidade é um dos principais fatores de motivação no trabalho. No entanto, o mesmo estudo aponta que, para 41% dos entrevistados, o trabalho presencial é importante para estabelecer conexões com os colegas e clientes; e 97% o consideram uma ferramenta aliada para o desenvolvimento profissional.

Uma alternativa para equilibrar esse *trade off* seria a adoção de um modelo híbrido. Levantamentos recentes apontam que esse terceiro modelo é capaz de equilibrar muito bem as vantagens e as desvantagens do presencial e do remoto. Se ir ao escritório duas vezes na semana e trabalhar de casa durante os outros três funciona para você, faça isso. O inverso também é válido.

O princípio de economia compartilhada também pode servir como guia para ajudar a corrigir as dificuldades causadas pelo trabalho remoto. Bastante atrelada à redução de custos proporcionada pela diminuição do espaço físico necessário e dos gastos operacionais minimizados, uma nova porta se abre para a organização em termos de parcerias estratégicas. Mas aqui é preciso ter uma visão ecossistêmica. Não havendo a necessidade de manter uma grande estrutura física para acomodar todos os colaboradores diariamente, uma organização pode firmar parceria com um espaço *coworking*, por exemplo, para que as pessoas possam trabalhar em um espaço diferente da própria casa e, assim, também tenham a oportunidade de interagir com pessoas diversas.

Como já dito, à distância, nos tornamos mais produtivos, porém menos criativos. No trabalho executado presencialmente, o entusiasmo coletivo se soma ao entusiasmo individual, afinal essa habilidade é contagiante. Em princípio, é possível entusiasmar os colaboradores com uma cultura corporativa alinhada a esse objetivo, caso a organização o cultive como parte do propósito.

O mundo não é feito só de tarefas, e sim de missões. A empresa tem tarefas a serem executadas, mas existe um conjunto de pessoas cada qual com a sua missão. Frente a isso, existe o propósito coletivo.

Imagine uma guerra. Quando um líder age como porta-voz sob o estandarte e todos os soldados caminham atrás dele rumo ao incerto, ao ver o estandarte, todos entendem *por que* estão lutando ou *pelo que* estão lutando. O estandarte é o símbolo da razão de eles existirem. O propósito corporativo é a razão de ser e de fazer de uma empresa além do lucro, e é a base para a estratégia de gestão do negócio.

Uma cultura avessa ao risco, por exemplo, interfere muito no entusiasmo das pessoas. No entanto, tenha em mente que o entusiasmo se origina em essência e em existência. Por essa razão, seja qual for o modelo de trabalho, do cargo ou da função executada, é possível observar níveis distintos de entusiasmo.

O telemarketing, por exemplo, é uma área operacional bastante controversa. Ao passo que vários profissionais reclamam da área, existem pessoas que atendem ao telefone com entusiasmo, que ficam preocupadas quando surge um problema e tentam solucioná-los mesmo que esteja além do seu escopo. Esse profissional poderá estar sentado ao lado de alguém que demora para atender o telefone e que, quando atende, diz: "Isso é com outro departamento, não tenho como ajudá-lo"; uma pessoa que gera burocracia para não resolver o problema do cliente e tenta finalizar a ligação o mais rápido possível. O custo operacional gerado pela falta de entusiasmo resulta em insatisfação do cliente e *trade off* negativo para a empresa. Sem uma cultura de meritocracia, o entusiasmado logo ficará desmotivado, em um efeito cascata da derrota.

Ter uma cultura de meritocracia não significa pagar mais. Significa valorizar o entusiasmo. Assim, você terá uma organização de gigantes. Porque os entusiasmados se sentirão adequados; os que não são entusiasmados naturalmente procurarão outro rumo e outros entusiasmados, virão. O entusiasmo se reflete em números.

> **Uma empresa que tem uma cultura entusiasmada é uma empresa vencedora.**

Executivos e gestores entusiasmados criam empresas entusiasmadas. Na era do intraempreendedorismo, a divisão entre executivo, líder e colaboradores é cada vez mais fluida. Ao oferecer seu capital intelectual à organização, esta o remunera de acordo com a sua contribuição; se a empresa não o fizer, o colaborador retira seu capital intelectual da empresa e o leva para outra, exatamente como faria com o seu capital financeiro nos bancos.

Um colaborador deixa a organização por diversos fatores — em diferentes níveis, todos ligados à falta de combustível para seguir em frente:

› Nenhum CNPJ vale um AVC

A importância da saúde física e mental sobre as demandas profissionais é um tema cada vez mais em alta. A primeira conclusão, principalmente entre os *millennials* e a geração Z, é a de que a vida é para ser vivida, e não para ser trabalhada.

› O propósito corporativo diverge do propósito pessoal

Uma pessoa cujos valores estão ligados à sustentabilidade e à preservação do planeta provavelmente não desejará trabalhar em uma empresa de petróleo e gás, por exemplo; assim como um indivíduo com valores religiosos mais conservadores optará por não atuar em uma startup com forte propósito de promover a diversidade sob uma ótica progressista.

› Divergências com a liderança

Caso sinta que suas preocupações e ideias não são levadas em consideração, o profissional buscará organizações com estruturas hierárquicas menos rígidas, mais horizontalizadas e que lhe ofereçam mais oportunidades de se manifestar.

› Por ser muito bom no que faz

O capital intelectual dele é disputado e ele não se sente devidamente valorizado pela organização. Quanto mais competente, maior a chance de o colaborador não ocupar aquele cargo só por dinheiro, mas sim pelos desafios que o esperam, pelo resultado que pretende gerar e pelo reconhecimento que pode obter.

> **Falta de oportunidades de crescimento**
A retenção de talentos se apoia na oportunidade de crescimento. Para manter o entusiasmo do colaborador, é essencial que ele perceba que sua jornada está sendo não apenas reconhecida, mas que também haverá recompensas ao longo do tempo. Modelos rígidos de progressão de carreira podem levar à insatisfação e desmotivação.

A relação de trabalho não é mais de dependência entre o colaborador e a empresa; atualmente, esta é uma relação entre iguais. Ou seja, daqui para frente, cada um de nós terá de moldar a si mesmo e buscar espaços onde haja horizontes e valorização para suas habilidades.

Esse risco mútuo gera fidelidade mútua, mais ou menos como na síndrome da bomba atômica: se os dois lados estão municiados de poder, ninguém atira no outro.

Da invenção da roda à Revolução Industrial, as mudanças aconteciam a um ritmo mais lento. Há poucos anos, ter educação formal bastava para um profissional não apenas manter sua posição no mercado, como também galgar posições de liderança. Com as revoluções tecnológicas aceleradas de maneira exponencial, isso já não basta.

Neste novo momento do mundo, o aprendizado linear proposto pela educação tradicional está obsoleto e, cada dia mais, vem sendo preterido em prol do *lifelong learning*, o processo de aprendizado contínuo e autônomo, protagonizado pelo próprio indivíduo.

Poucas décadas atrás, todos nós nascíamos com quatro fases da vida absolutamente definidas:

> a infância para brincar;
> a juventude para estudar;
> a fase adulta para trabalhar;
> a velhice para descansar.

Na do *lifelong learning* essa lógica muda: nós vamos estudar, trabalhar e brincar o tempo inteiro, a vida toda. É possível começar uma carreira aos vinte anos, fazer uma transição de carreira aos quarenta e se reinventar aos sessenta. Mais do que nunca, é possível tomar decisões e assumir riscos a qualquer momento, com mais recursos disponíveis.

Instituições de ensino brasileiras como a Universidade de São Paulo (USP), a Universidade Federal da Bahia (UFBA) e a Universidade Estadual de Campinas (Unicamp) têm, por exemplo, programas chamados de "Universidade Aberta para a Terceira Idade", cuja missão é ajudar nas transições de carreira e acelerar a formação de pessoas em idade avançada.

Apesar de interessante, até a concepção de "educação para a terceira idade" já é ultrapassada. Instituições de ensino deveriam ser um espaço aberto e democrático para que pessoas de todas as idades convivessem. Idealmente, estudariam juntos os *perennials* — pessoas de quaisquer idades, adeptas da tecnologia, engajadas, entusiasmadas e com uma notável capacidade de interagir harmoniosamente com indivíduos de todas as gerações.

Lifelong learning é o aprendizado contínuo, voluntário e automotivado, que vai além da escola e não é necessariamente conduzido de maneira estruturada. Isso pode gerar pânico nas pessoas de maneira geral, porque não fomos criados para sermos protagonistas da nossa instrução, mas sim ensinados a escolher uma boa faculdade ou um bom curso que conseguíssemos pagar, e este seria nosso meio de acesso à educação.

No Brasil, porém, o ambiente acadêmico está bem distante da realidade do mercado de trabalho. Então as pessoas saem de uma faculdade e muitas vezes já têm um choque, pois precisam continuar se desenvolvendo constantemente. Por isso a palavra adaptabilidade nunca esteve tão presente (ela é um dos temas do Capítulo 4).

Até hoje nunca conheci nenhum profissional ou empresa de sucesso que tenha feito sempre a mesma coisa. Todos os exemplos bem-sucedidos foram evoluindo e melhorando com o tempo.

Mapeie o que está acontecendo no mercado em que você atua — e não só na sua empresa. Apoderar-se da sua carreira é ter domínio de si mesmo e saber identificar qual é a melhor forma de aprender e manter-se no páreo, sem perder relevância.

Ao longo dos séculos, os seres humanos sempre estiveram em busca do seu lugar no mundo. Com o contínuo avanço tecnológico e o aumento da expectativa de vida, a rigidez da estrutura tradicional se mostra inadequada. As trajetórias profissionais contemporâneas exibem uma efemeridade notável, contrastando com o passado; nossos interesses evoluem, nossas metas financeiras mudam e o contexto macroeconômico oscila constantemente.

O mundo pós-digital impõe uma obsolescência cada vez mais precoce ao conhecimento formal adquirido durante os anos de formação acadêmica. Agora é crucial manter-se atualizado independentemente da esfera de atuação, adotando uma abordagem mais holística, priorizando aprendizados integrados e significativos.

A própria concepção de inteligência tem mudado. Antigamente, denotava um indivíduo que acumulava vasto saber teórico; hoje, ser considerado inteligente está ligado à capacidade de abrir-se a temáticas anteriormente desconhecidas, comprometer-se com a exploração do novo, buscar novas formas de aprender e, por fim, dar vazão a isso, compartilhando conhecimentos ou gerando inovação. E, tudo isso, com entusiasmo. Em um mundo veloz, o verdadeiro aprendizado reside na habilidade de aprender com rapidez e eficácia.

À medida que o mercado evolui, determinadas posições de trabalho também vão se tornando obsoletas e novas profissões emergem. Um bom exemplo disso é o setor bancário, no qual a automação aliada à cibersegurança tem resultado na diminuição das agências físicas, com o público recorrendo a aplicativos e plataformas on-line.

Por outro lado, as instituições financeiras têm observado lacunas em áreas como tecnologia, marketing digital e experiência do cliente. Conforme funções como a de operador de caixa estão gradativamente sendo desvalorizadas e devem acabar desaparecendo, desenvolvedores e engenheiros de cibersegurança vêm se destacando no mercado.

É crucial que os profissionais que desempenham funções tradicionais se preparem para assumir novos papéis. O *lifelong learning* impede a frustração de uma vida estanque, e ele só se move pelo entusiasmo.

Se você descobrir aos 45 anos que a graduação feita aos 18 não resultou na carreira dos seus sonhos, poderá fazer essa transição de maneira tradicional, cursar uma nova graduação ou especializar-se em outra área. Mas agora também terá à disposição milhares de cursos em plataformas de educação digital, inclusive de instituições renomadas como a Universidade de Harvard e o MIT.

A satisfação profissional pode estar, inclusive, em superar obstáculos. Mais uma receita que pede o ingrediente principal do qual tratamos neste capítulo. Imagine que duas pessoas estão empilhando tijolos. Você pergunta a uma delas: "O que você está fazendo?", ao que ela responde: "Estou empilhando tijolos." Ao questionar a outra, ela diz: "Estou construindo uma catedral." A anedota remete a um profundo senso de propósito movido pelo entusiasmo. Enquanto ambos executam a mesma função, somente um deles tem o senso de missão de médio e longo prazo que dá valor extra ao ato de empilhar tijolos.

Hoje, o volume de opções disponíveis para resolver um problema é imenso. O foco organizacional deixou de estar somente no negócio e migrou para uma visão ecossistêmica. Diante disso, é fundamental que o gestor saiba fazer as melhores escolhas. A *not to do list* deve ser tão importante quanto a *to do list*.

Algumas estratégias podem fazer sentido no portfólio de negócios, mas não gerar entusiasmo na equipe. É preciso saber identificar o que faz os olhos dos colaboradores brilharem — o que gerar esse brilho é o que vai impulsioná-los e, consequentemente, fará a empresa crescer.

Então, como escolher o que fazer, para onde ir e como caminhar? Pautando-se pelo entusiasmo. Essa é a diferença entre uma entrega de resultado "ok" e um resultado "uau". O entusiasmo da equipe pode transformar um produto mais ou menos em sucesso. A falta dele pode levar um produto excepcional ao fracasso.

Não importa se você gerencia um pequeno negócio ou um ecossistema; a pergunta a se fazer é a mesma: "O que gera entusiasmo?" É para isso que você deve direcionar esforços e nisso que você deve investir.

Olhando em retrospecto, concluo que em tudo em que me joguei com entusiasmo foi em frente e deu certo. Por outro lado, tudo que decidi fazer por mera lógica acabou se tornando um projeto medíocre, apesar de fazer todo o sentido racionalmente. Como dizia Carlos Drummond de Andrade: "Que tristes são as coisas, consideradas sem ênfase." O entusiasmo é a ênfase que afasta a tristeza.

> **Sucesso é ir de um fracasso a outro sem perder o entusiasmo.**
> *Winston Churchill*

CAPÍTULO 3

Otimismo

*A imperfeição de uma parte pode ser
necessária para a perfeição do todo.*
Gottfried Wilhelm Leibniz

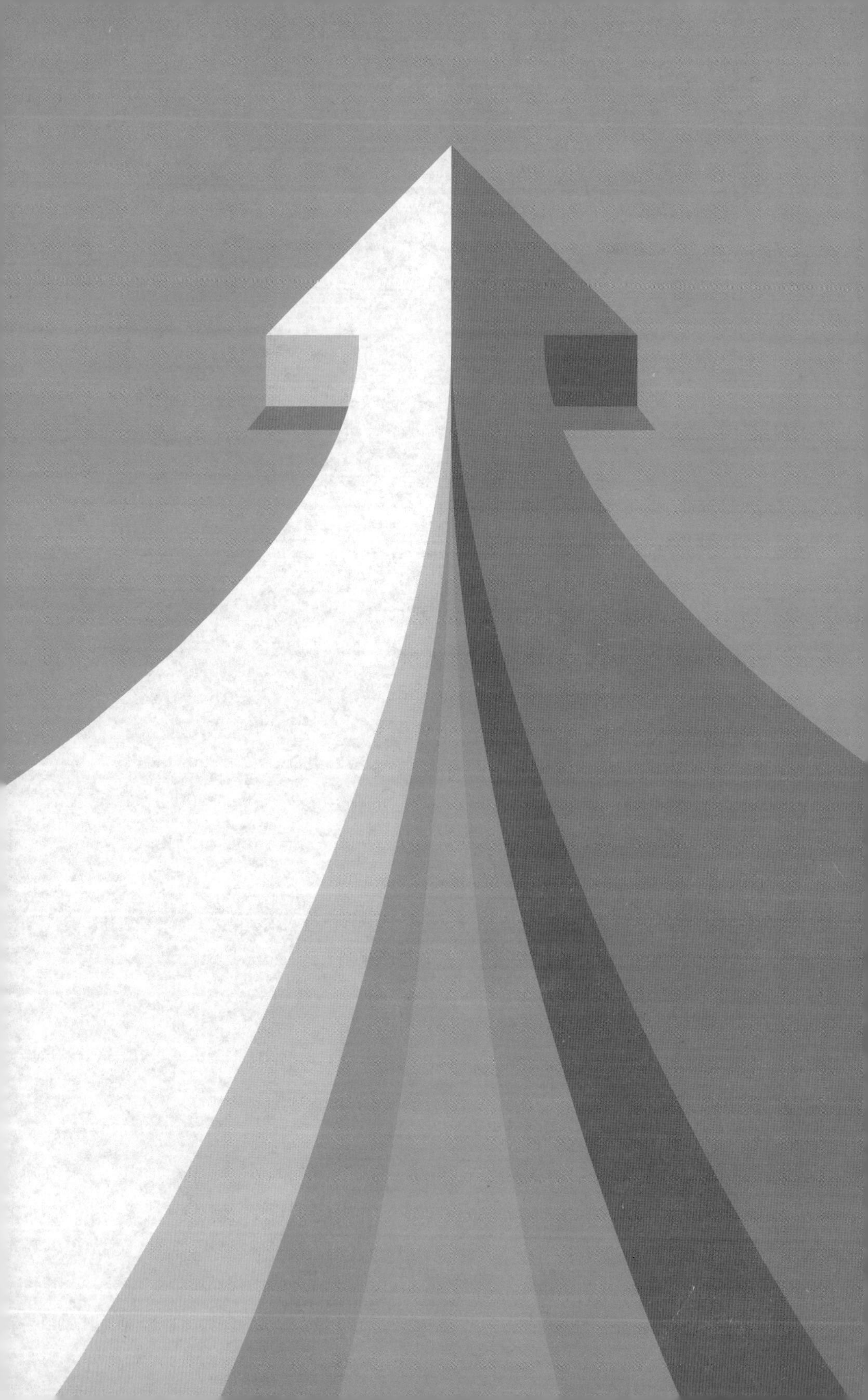

A transição do século XVII para o século XVIII talvez seja o momento histórico que mais reverbera nos diferentes âmbitos da vida moderna. Ao passo que o pensamento que deu bases ao iluminismo enfatizava o uso da razão e da ciência como ferramentas para a compreensão do mundo, ele contribuiu para o desenvolvimento de uma abordagem mais sistemática e racional, em direção a ideias mais críticas e inovadoras. Um dos resultados dessa abordagem cientificista foi a Revolução Industrial, impulsionada por avanços científicos e tecnológicos que surgiram da aplicação desse modo de pensar às atividades econômicas e produtivas.

A valorização da liberdade e do progresso — que posteriormente culminaria com a Revolução Francesa, no final do século XVIII — era um dos meandros iluministas que levaram à crítica sobre as relações de poder vigentes até então. A Revolução Científica, iniciada por Galileu Galilei, Nicolau Copérnico e Johannes Kepler, finalmente culminaria com Isaac Newton e o livro *Princípios matemáticos da filosofia natural*. Era chegado o momento de jogar luz sobre as trevas, contrapondo o obscurantismo com ciência, de uma vez por todas.

Podemos facilmente imaginar a efervescência social gerada perante tantas transformações. Semelhante ao que vivemos hoje, a compreensão de mundo que se tinha até então se modificava de maneira quase total, e o que antes era conhecido passou a ser questionado, contraposto ou desmentido. Como ser otimista em um contexto de tanta incerteza?

O polímata Gottfried Wilhelm Leibniz nasceu na Alemanha em 1646, onde viria a falecer em 1716. Após se debruçar sobre o direito, filosofia, matemática, teologia, linguística e ciências naturais, fez contribuições significativas para os estudos de probabilidades, lógica e sistemas binários. No entanto, a contribuição mais importante de Leibniz para a humanidade talvez tenha sido a de nomear o que, até então, se limitava a ser um tipo de sentimento, mas que se tornaria uma das habilidades fundamentais para um mundo de incertezas e transformação constante.

Parte essencial da teoria de Leibniz é a noção de que Deus é um Ser completo, perfeito e infinito, portanto o mundo criado por ele refletiria essa perfeição e não poderia ser diferente do que é. Para Leibniz, o mal é uma consequência inevitável da liberdade que Deus concedeu aos seres humanos e existe para contrastar com o bem, de modo que este possa ser apreciado.

A perspectiva teológica da filosofia de Leibniz o levou à *teoria do otimismo*. A palavra "otimismo" tem origem no latim *optimus*, que significa "o melhor", e começou a ser utilizada para descrever a crença de que as coisas tendem a ser favoráveis, e que há motivos para crer que o melhor acontecerá.

Apesar do teísmo intrínseco, a teoria de Leibniz serviu como uma resposta importante ao pessimismo predominante na época, quando o mundo passava por rupturas sociais, políticas e econômicas importantes, e o sofrimento humano era uma questão em voga. A perspectiva positiva do otimismo fez crer que é possível encontrar soluções e oportunidades mesmo diante de desafios. Embora possa ser contestada, a teoria do otimismo deixou um legado de crenças e reflexões para o pensamento ocidental, em especial no que se refere ao papel do sofrimento, mas também da resiliência, ao longo da vida, mediante rupturas e incertezas.

A pessoa otimista costuma ter muito cuidado para não se abater quando algo dá errado, porque, caso contrário, dificilmente conseguirá ter o mesmo grau de otimismo na próxima vez. A perspectiva positiva em relação ao futuro, tanto na visão mais tradicional da teoria de Leibniz quanto na perspectiva atual, não se limita a torcer para que as coisas deem certo.

Sobretudo no século XXI, otimismo significa ter uma visão positiva de futuro e fazer todo o possível para que isso se concretize. Isso é o que faz do otimismo uma das habilidades fundamentais para ser bem-sucedido. Ou seja, o primeiro ponto a considerar é que essa habilidade exige uma atitude de *protagonismo*. Não se trata de cruzar os dedos e dizer: "Se Deus quiser, isso vai dar certo", e sim: "Isso vai acontecer", e então fazer tudo o que estiver ao seu alcance para que efetivamente aconteça.

Outro fator determinante para alguém ser considerado otimista é a *autoestima*. O senso de protagonismo do qual o otimista é imbuído precisa estar atrelado a um nível de autoestima que lhe permita crer que ele será capaz de atingir o objetivo predeterminado.

Friedrich Nietzsche fez uma distinção entre dois tipos de morais que compunham o tecido social no final do século XIX, quando sua obra *A genealogia da moral* foi publicada: a moral aristocrata e a moral escrava.

Para Nietzsche, os "senhores" ou "nobres" eram dotados da moral aristocrata, baseada em valores como força, autoafirmação e busca de excelência. A moral escrava, por sua vez, era atribuída aos oprimidos e submissos, atrelada a valores como compaixão, humildade e obediência. Essa dicotomia difere da noção de moralidade tradicional, pautada no binário "bem e mal", e aborda a moralidade como uma construção social que reflete os interesses e valores de determinadas classes, de acordo com seus contextos.

Em suma, alguém com a moral escrava analisa o que a vida fez com ele, enquanto o indivíduo com moral aristocrata analisa o que ele próprio fez mediante os caminhos que a vida lhe proporcionou. Pessoas de ambas as morais podem ser otimistas ou pessimistas, a diferença é que, tendo em vista o que está posto, o otimista de moral escrava pensará: "Se Deus quiser, isso vai se resolver!", enquanto o otimista de moral aristocrata dirá: "O que eu preciso fazer para resolver esta situação?"

O paradigma da racionalidade

A relação entre crença e racionalidade tem sido objeto de debate ao longo da história da filosofia e da religião. Existem diferentes perspectivas quanto ao modo como esses dois aspectos da experiência humana convergem ou não. Filósofos como Leibniz defendem uma relação de harmonia, ou de complementaridade entre fé e razão, de forma que ambas possam coexistir e dar suporte à compreensão uma da outra, em uma dimensão mais aprofundada de significado. Já para Nietzsche, "Deus está morto", enquanto Voltaire vê como um contrassenso a perspectiva de que este é o "melhor dos mundos", se opondo a Leibniz.

Na obra *Cândido, ou o Otimismo*, Voltaire satiriza a relação de Cândido, o personagem principal, com as intempéries da vida. Doutrinado pelo mestre Pangloss, uma versão caricata de Leibniz, Cândido segue tranquilo (como seu próprio nome) ao perder a mulher amada e a casa onde morava, passar por um naufrágio, por um terremoto, sofrer inúmeras perseguições, enquanto aqueles que lhe fizeram mal seguem intactos. Ao fim, ele adota uma visão mais pragmática da vida, mas conclui que é possível encontrar um propósito e buscar a felicidade de acordo com as circunstâncias em que se encontra.

É possível enxergar um equilíbrio nesse sentido. O fiel da balança é o fato de que o otimismo nasce como um manifesto de fé, mas pode ser entendido muito mais como uma crença em si mesmo do que no transcendente. O desfecho de Cândido, que para Voltaire era positivo em demasia, não diverge do otimismo que defendo aqui. Ele mostra que é possível fazer do limão uma limonada, sim, desde que você tenha limões à disposição e toma a iniciativa de fazer algo com eles.

Ao apostar na loteria, o indivíduo enfrenta uma chance estatística de 0,000002% de ganhar o maior prêmio (isto é, uma em 50.063.860) e uma chance em 2.332 de ganhar o prêmio de menor valor, teoricamente mais "fácil" de ser conquistado. Todos os anos, o *Big Brother Brasil*, maior *reality show* do país, recebe mais de cem mil inscrições de pessoas esperançosas em ocupar uma das vagas disponíveis no elenco do programa. Cada um desses atos é uma manifestação de otimismo em sua melhor forma, que milhares de brasileiros como nós praticam frequentemente quase sem se dar conta.

Nesses casos, fé e racionalidade andam juntas. Um otimista de moral escrava pensaria que, se fosse para participar do *Big Brother Brasil*, bastaria ter fé para que o diretor do programa o encontrasse na rua e lhe fizesse o convite pessoalmente. O de moral aristocrata sabe que precisa mandar um vídeo de inscrição com a maior sagacidade possível. De novo, o protagonismo, ao tomar a atitude de se inscrever mesmo sabendo que a chance de ser selecionado é pequena, e a autoestima para acreditar que, seja qual for a quantidade de inscritos, *você* tem o que é preciso para ser selecionado são os fatores-chave que distinguem esta habilidade.

A liderança otimista

O principal cargo de gestão dentro de uma empresa é ocupado pelo CEO (*Chief Executive Officer*). Prefiro descrever o acrônimo, no entanto, de outra forma:

Curiosidade
Entusiasmo
Otimismo

Temos assim a mesma sigla, mas sob uma ótica bastante diferente para a organização — justamente as três habilidades abordadas neste livro até aqui.

O gestor de uma organização (e você, ao gerir a própria vida) precisa de curiosidade para continuar aprendendo, porque tudo muda o tempo inteiro. Precisa ser entusiasmado para, de alguma maneira, vencer a dificuldade do processo, afinal, mudar dói, incomoda e dá medo. Para ter a resiliência que supera a mudança (falarei sobre resiliência mais adiante neste livro), é necessário ser uma pessoa muito entusiasmada. E é preciso ser otimista exatamente para poder inocular essa visão positiva do futuro naqueles que estão ao seu entorno.

O otimismo é uma energia contagiante. Para o líder, não basta ser otimista em seu íntimo: o bom líder é aquele que não só acredita que é possível atingir o resultado esperado, como faz as pessoas ao seu redor também acreditarem nisso. Com esse *mindset*, todos farão o que estiver ao alcance deles para obter o melhor resultado.

Para mim, o CEO — o Curioso, Entusiasmado e Otimista — não é um cargo, mas uma postura que pode ser adotada em âmbito profissional e pessoal. O chefe do almoxarifado, a recepcionista ou a dona de casa pode ser CEO.

> **O otimista, apesar de ter uma visão positiva de futuro, sempre é tomado por uma dose de realidade.**

Um líder otimista é capaz de inspirar e criar um ambiente positivo e encorajador, transmitir uma visão positiva do futuro e mostrar às equipes que seus esforços podem levar a resultados bem-sucedidos. Uma vez que o otimismo é contagiante, ele pode impulsionar a moral da equipe e aumentar a motivação para alcançar metas e enfrentar desafios.

Sendo membro de vários conselhos consultivos, testemunho situações bastante representativas do quanto o otimismo interfere no planejamento estratégico e nos resultados das organizações. Ao elaborar o orçamento anual, por exemplo, em geral nos baseamos na inflação média do ano corrente e no quanto a empresa faturou no ano anterior. Com base nisso se estabelece a meta de crescimento, que gira em torno de 8% a 11% a mais que no último ano. Outras empresas definem como meta 40% de crescimento.

O planejamento estratégico será pautado na meta estabelecida. Ao analisar o cenário e desenhar estratégias, obviamente, quem definiu metas mais ambiciosas e agressivas precisará ser ainda mais perspicaz, criativo e corajoso.

Ao analisar os resultados, o cenário é o seguinte:

> A empresa cujo crescimento previsto era de 8% conquista em torno de 10%. O resultado é comemorado, porque a meta foi atingida.
> A empresa que previa 10% também atinge a meta, chegando a aproximadamente 12%. A meta também foi atingida.
> A empresa que definiu 40% de crescimento cresce entre 28% e 32%. Apesar de não atingir a própria meta, ela conquistou um resultado três vezes melhor do que as demais.

Ao definir metas ambiciosas, você tem mais chances de fracassar, é claro, mas esse fracasso lhe trará resultados, tanto em número como em aprendizados, muito superior aos daqueles que tiveram sucesso. Empresas extraordinárias que têm um crescimento exponencial são aquelas que pensam de maneira otimista, mas sempre com um olhar cauteloso nos gastos e despesas.

Por outro lado, é preciso se criar uma tabela de bônus mais ampliada, premiando o esforço extraordinário, mesmo que o resultado venha abaixo da meta ambiciosa.

Esse contexto é favorável para a retenção de talentos, já que as pessoas são naturalmente atraídas por ambientes de trabalho positivos e, principalmente, líderes que demonstram confiança no futuro. Em um cenário de insegurança econômica, profissionais talentosos buscarão se manter em empresas com perspectivas positivas. Nelas, eles se sentem encorajados e motivados a permanecer por mais tempo, o que gera um ciclo que se retroalimenta; a organização mantém seus bons profissionais, ao passo que eles continuam se desenvolvendo.

O modelo de gestão empresarial durante a pandemia da Covid-19 ilustra muito bem a capacidade de resiliência de lideranças que conseguiram se manter otimistas e transmitir essa visão positiva àqueles que estão ao redor, de forma que todos se tornem parte da solução de um problema. Quando o líder estabelece uma relação de confiança com os colaboradores, cria-se um ambiente de trabalho no qual as pessoas se sentem seguras, valorizadas e apoiadas. O clima organizacional, então, se torna positivo, com maior engajamento e melhores resultados.

O otimismo permite que os líderes sejam resilientes diante de desafios e adversidades, e se recuperem rapidamente de falhas. Em suma, a liderança otimista tem impacto significativo no desempenho das organizações, impulsionando a motivação e satisfação dos funcionários. Ao criar um ambiente de trabalho positivo e encorajador, cria-se uma cultura organizacional voltada à inovação e à resiliência, aceitando o erro como parte do aprendizado.

> **Se você definir suas metas muito altas e isso for um fracasso, você falhará muito acima do sucesso dos outros.**
>
> *James Cameron*

> **A visão de uma empresa otimista não é orientada ao erro. Nela se pensa: "Tem vezes que nós acertamos e tem vezes que nós aprendemos."**

No livro *The Image of the Future,* publicado em 1961, o filósofo holandês Fred Polak explicita como a capacidade de uma nação ou grupo social de alcançar realizações significativas está intrinsecamente ligada a uma visão otimista de futuro.

O autor argumenta que a capacidade de imaginar um futuro grandioso e positivo para si precede a conquista de grandes feitos e é essencial para o sucesso.

A ideia central do estudo de Polak, embasado na literatura disponível à época, é que as nações que adotam uma visão ambiciosa de futuro têm mais probabilidade de desenvolver uma mentalidade de crescimento, inovar e tomar medidas para atingir metas elevadas. Polak acreditava que as nações otimistas tendem a mobilizar de maneira mais eficaz os recursos disponíveis, criando um ciclo de progresso que se retroalimenta.

Uma empresa otimista é uma empresa com mais chances de sucesso. Ela se arrisca mais, ao passo que tem mais coragem e determinação, e emana uma energia positiva, uma vez que enxerga o risco ou o erro como forma de aprendizado. É lógico que é importante ter sempre um pessimista de plantão, pois é ele quem antevê coisas que o otimismo excessivo talvez impeça de enxergar e viabiliza que as providências sejam tomadas com antecedência. A cultura corporativa precisa ser otimista, mas tem que abrigar, acolher e dar importância aos pessimistas de plantão.

O interessante é que, ao mesmo tempo que o pessimista alerta contra eventuais desafios ou problemas que estejam se aproximando, ele sempre acaba sendo desmentido. Afinal, na iminência de algo negativo, as providências necessárias sempre são tomadas, o que evita que o mal aconteça. No entanto, sem a visão do pessimista, talvez o problema não pudesse ser evitado.

Existe uma diferença sutil, mas significativa, entre o pessimista e aquele que poderíamos chamar de "gato escaldado" ou "advogado do diabo". Trabalhei com eventos durante muitos anos. Como o próprio nome pode levar a pensar, essa é uma área repleta de eventualidades, afinal lida com variáveis incontroláveis o tempo inteiro.

Nessa época, passei a adotar uma mentalidade de *backup*. Por exemplo, ao contratar o show de um artista, compram-se duas passagens, em companhias aéreas diferentes; assim, se uma delas cancelar o voo, ele poderá viajar pela outra. Atrás do palco, há quase o dobro dos equipamentos necessários, caso algum não funcione. Todo o planejamento e execução se torna um constante "e se". Em vez de acreditar que algo pode dar errado, o planejamento estratégico envolve *precaução*, em vez de medo, ansiedade ou pessimismo. Eis o valor do gato escaldado.

O conhecimento é sempre um elo essencial. O executivo precisa ter noção da distância que seus braços alcançam, ou seja, do que ele pode fazer para superar determinados desafios. Além disso, ele conhece a si mesmo, sabe do seu potencial e do *know--how* necessário para lidar com o que quer que esteja se impondo à sua frente. Essa noção é o que define o limite do otimismo.

Mas em certos aspectos, a linha que traça esse limite do otimismo pode ser muito mais larga. Todos podemos sonhar com coisas que parecem impossíveis, e o mundo digital nos deu uma sensação de que podemos brincar de Deus novamente. Ele nos trouxe a sensação de que o impossível é possível. Todos nós ganhamos onipotência, onisciência e onipresença com o digital. Hoje, podemos falar com qualquer pessoa no planeta com muito mais facilidade. É possível saber o que quisermos, na hora em que der vontade, com a profundidade desejada. Essa oportunidade deveria trazer uma sensação de otimismo.

Fato é que o brasileiro é naturalmente otimista, no entanto é dotado de um otimismo de moral escrava. Diante da dificuldade, é comum ouvirmos: "Deus vai dar um jeito nisso"; "Se Deus quiser, vai dar tudo certo". Por serem muito otimistas, mas pouco protagonistas, as pessoas em nosso país deixam de realizar o que precisam ou desejam, falham na entrega de tarefas e ficam resignadas quando algo que elas esperavam não acontece, como se tudo não passasse "da vontade de Deus". Lembre-se de que nem o otimismo de Leibniz, filósofo teísta cuja crença sempre esteve no núcleo de seu pensamento, delegou aos céus a ação que envolve pôr o otimismo em prática.

> O otimismo é uma estratégia para criar um futuro melhor, porque, se você não acredita que o futuro possa ser melhor, é pouco provável que aja e se responsabilize por fazê-lo melhorar.
>
> *Noam Chomsky*

Antropofagia do gozo

O otimismo faz parte da formação da identidade cultural do Brasil. Liderado pelo poeta e escritor Oswald de Andrade, o Movimento Antropofágico foi um marco artístico e cultural do Brasil na década de 1920. Ele propunha uma abordagem original e provocativa da cultura brasileira, influenciado pelas ideias do modernismo e pelos movimentos de vanguarda europeus. Os artistas que faziam parte do movimento valorizavam a cultura popular brasileira, as raízes indígenas, a diversidade étnica e as expressões artísticas autênticas do país.

A metáfora com antropofagia foi adotada pelos artistas inspirados em uma ideia simbólica de canibalismo. Eles reinterpretaram a ideia como uma forma de devorar, absorver e reinterpretar as influências estrangeiras, em especial as europeias, para criar uma expressão cultural única e genuinamente brasileira. Essas ideias foram firmadas no *Manifesto antropofágico*, escrito por Oswald de Andrade em 1928, uma espécie de "bíblia" do movimento.

Na pintura, surgiram representações que buscavam capturar a essência do Brasil, incorporando elementos indígenas, africanos e europeus. Na literatura, por sua vez, o Movimento Antropofágico resultou na produção de obras que exploravam temas brasileiros, como o folclore, a miscigenação cultural e a crítica social. Em *Macunaíma, o herói sem nenhum caráter*, por exemplo, Oswald de Andrade faz uma crítica à realidade brasileira, explorando questões como a corrupção, a desigualdade social, a exploração dos recursos naturais e a perda de identidade cultural. No entanto, o autor lança mão de uma narrativa satírica e elementos fantasiosos que chegam a contrastar com a seriedade do tema.

Oswald de Andrade expressa um verdadeiro otimismo em relação ao potencial criativo e transformador do povo brasileiro. O *Manifesto antropofágico* vai ao encontro dessa visão, ao mesmo tempo em que dota esse povo de protagonismo e autoestima, quando defende que ele é capaz de "devorar" as influências estrangeiras, assimilá-las e transformá-las em algo novo e original. Essa reinvenção cultural do Brasil resultaria em expressões artísticas autênticas, de forma a construir uma identidade cultural única e poderosa.

Talvez seja justamente esse traço de otimismo dos brasileiros que torne este país tão agradável de se viver. Apesar de todos os sofrimentos e mazelas, o brasileiro tem um traço de otimismo intrínseco, notado principalmente por quem olha de fora.

Os estrangeiros, ao visitar o Brasil, se admiram dessa característica, que chega a ser invejada. Afinal, por mais desenvolvida que seja, uma nação pessimista é um lugar difícil de viver. Como na história do anti-herói de Oswald de Andrade, o histórico de dificuldades do Brasil contrasta com o otimismo emanado pelo povo. O maior símbolo dessa relação é o Carnaval.

Pense em milhares de pessoas que não têm recursos nem tempo de sobra, e que na maioria das vezes vivem em situação de vulnerabilidade financeira e social. Essas mesmas pessoas executam um trabalho árduo e meticuloso, recebendo nada ou muito pouco por isso — muitas vezes, na verdade, se unem para arcar com os custos e conseguir os recursos para executar esse trabalho. Ao longo de um ano, a força motriz dessa atitude é a visão positiva de que, quando chegar a hora, as pessoas daquela comunidade vão brilhar e se tornar reis, rainhas, divindades, por um dia. São estas as pessoas que organizam e tornam vivo aquele que é chamado de "O Maior Espetáculo da Terra".

A gestão corporativa tem muito a aprender com as escolas de samba. Se cada executivo pensasse coisas como "a minha escola vai ganhar", "eu vou dar o máximo de mim", "vamos otimizar os recursos e a mão de obra e fazer tudo o que estiver ao nosso alcance", teríamos muito mais vencedores do que perdedores. Afinal, diferentemente do Carnaval, que termina com somente uma escola campeã, a competição livre no mercado permite que muitas empresas cresçam e se consolidem.

Se formos capazes de nos contaminar com essa visão positiva que é o ingrediente que faz o Carnaval acontecer, executaríamos coisas muito mais grandiosas do que fazemos hoje.

Em terra de pessimistas, o imperador é outro

Está mais do que evidente que o Brasil é um país de contrastes e contradições. Quem também expôs isso foi o polímata Gilberto Freyre, que além de ser poeta, pintor e jornalista, também se dedicou à interpretação do Brasil nas áreas da sociologia, antropologia e história. Talvez por isso ele tenha carregado a alcunha de "Imperador das ideias".

Freyre via a composição da sociedade brasileira como um equilíbrio de antagonismos, na qual diferentes grupos sociais conviveriam de maneira democrática. Embora esse otimismo seja controverso, é preciso considerar que, apesar das diferenças, o Brasil é um país de dimensões continentais que não chegou a encarar rupturas internas, se comparado com outros, muitas vezes menores, que enfrentam conflitos internos constantemente e há muitas décadas.

A antropóloga Lilia Schwarcz afirma que "o otimismo e o elogio a uma sociabilidade mestiça não aparecem como tarefa de encobrimento, mas sim como saída alentada". Mais uma manifestação da característica conciliadora, resiliente e otimista de uma cultura que há séculos tem feito limonadas com os limões que tinha à mão.

Mas se em terra de pessimista o otimista é imperador — ou Rei Momo, ou CEO —, como ainda existem tantos pessimistas neste mundo? Primeiro, porque a mídia nos leva a ver as coisas de maneira mais pessimista. E não porque ela seja maldosa ou queira acabar com a nossa felicidade, mas fato é que notícias ruins atraem mais atenção do que notícias boas. E isso acontece porque o ser humano tem um viés cognitivo de negatividade; ou seja, graças ao processo evolutivo, nosso cérebro tem uma tendência natural a focar o negativo em vez do positivo.

Durante o processo evolutivo, a capacidade de detectar ameaças foi fundamental para a sobrevivência humana. O cérebro desenvolveu maior sensibilidade para detectar sinais que indicassem perigos, uma vez que isso seria essencial para a autopreservação. Dessa forma, as experiências negativas tendem a ter um impacto mais duradouro e a chamar mais atenção do que as positivas. Por essa razão é que emoções negativas, como medo, raiva e tristeza, em geral são mais intensas e imediatas do que as emoções positivas, ao passo que também são processadas de forma mais profunda e têm um impacto mais duradouro. O cérebro tende a armazenar lembranças negativas de forma mais vívida do que lembranças positivas. Isso pode ser visto como forma de aprendizado adaptativo, já que as experiências negativas são registradas de maneira mais profunda para nos proteger de situações semelhantes no futuro.

Segundo, só é notícia aquilo que é *exceção*. Um clássico paradigma da comunicação afirma que se um cachorro morde um homem, não se trata de uma notícia; porém, se um homem morde um cachorro, aí sim temos algo que vale a pena noticiar. Não existem manchetes dizendo: "Hoje o dia vai ser bom em São Paulo, sem nenhuma intercorrência". Por isso uma das grandes piadas no jornalismo nacional, que inclusive é lembrada todos os anos, é a clássica manchete "Caetano estaciona carro no Leblon nesta quinta-feira" — algo que Caetano Veloso deve ter feito na quinta-feira, na sexta-feira, no sábado, de modo corriqueiro. A notícia só existe e é relevante quando acontecem fatos excepcionais, o que inclui crimes e intempéries climáticas, por exemplo. O inesperado vira mais notícia do que o cotidiano, e a tragédia costuma chamar mais a atenção.

Pense em um acidente na estrada. Por mais perturbadora que seja a cena, a maior parte das pessoas que passam por ele reduz a velocidade do carro para dar uma olhada, como se fossem atraídas pela tragédia. Outro processo cognitivo relacionado a isso é o viés da distância. Ele caracteriza a nossa tendência a uma certa sensação de alívio por saber que determinada fatalidade não aconteceu conosco, ou quando um evento negativo ocorre em um local distante ou não afeta nossas vidas.

O senso de distância física e emocional cria uma sensação de segurança, diminuindo a percepção de risco ou perigo iminente. Ainda, é mais difícil sentir empatia por eventos que acontecem em locais distantes ou com pessoas desconhecidas. A falta de conexão pessoal pode resultar em uma resposta emocional menos intensa e, consequentemente, em um alívio.

A *globalização* é o terceiro fator que alimenta os pessimistas. O fato de estarmos constantemente on-line nos gera uma sensação de que sempre está acontecendo um terremoto, um vendaval, uma guerra ou um crime hediondo. A verdade é que sempre foi assim; a diferença é que agora temos acesso em tempo real a informações sobre o mundo inteiro.

A quarta razão pela qual as pessoas costumam ser pessimistas tem a ver com a ficção, em especial os filmes de ficção científica que sempre mostram um futuro devastado, com a perspectiva de que o pior está por vir. Futuros distópicos muitas vezes refletem os medos e as preocupações da sociedade da qual são produtos e funcionam como uma forma de reflexão e de expressão desses medos. O fator narrativo associado à dramaticidade do tema resulta em um produto cultural que influencia a visão de mundo dos espectadores.

Toda a inovação tecnológica traz uma insegurança e uma visão negativa do futuro em relação a ela. Quando Gutenberg inventou a prensa, dizia-se na época que aquele seria o fim da mente humana, já que ninguém mais usaria o cérebro para guardar informações, que estariam contidas nos livros. No surgimento da televisão, pensava-se que a humanidade viveria uma hecatombe e o fim do convívio social. A posterior invenção do controle remoto gerou a preocupação de que todos ficariam eternamente sentados no sofá, sem precisar se mover, o que provocaria uma epidemia de sedentarismo e obesidade.

Realmente, muita gente ganhou peso por assistir à televisão em excesso, mas outros passaram a assistir a programas de treino e conseguiram fazer exercícios físicos dentro de casa. Alguns colocaram uma esteira na frente da TV e fizeram o dobro de caminhada que fariam sem essa motivação.

> Existem dois tipos de pessoas no mundo: os realistas e os sonhadores. Os realistas sabem aonde estão indo. Os sonhadores já estiveram lá.
>
> **Robert Orben**

Sempre que alguma nova tecnologia emerge, há uma sensação inicial de que ela de alguma forma vai piorar o mundo, quando na verdade o uso é o que a qualifica, e não a existência em si. Toda ferramenta tecnológica é amoral, ou seja, não é dotada de nenhum viés moral. O que caracteriza o *uso* ou a *aplicação* desse instrumento como sendo algo moral ou imoral somos nós, e cada pessoa responde de maneira distinta a determinado impulso ou evolução tecnológica.

Um exemplo recente disso é o metaverso, que nos permitirá replicar nossas vidas, assim como ir ao encontro de nossos colegas e amigos e multiplicar relações no universo digital. Poderemos fazer nele exatamente o que já fazemos neste universo físico ou que mais nós quisermos. Para isso, bastará termos os equipamentos com os quais já estamos acostumados, como smartphones ou notebooks. No entanto, a experiência pode ser ainda mais imersiva se usarmos *devices* específicos de visão para essa finalidade.

Claramente, o metaverso vem para permitir às pessoas ir muito além do que era possível até então. Ele proporcionará mais ludicidade à educação, reduzirá ainda mais as distâncias e facilitará a viagem no espaço e no tempo. Além de ler uma história, será possível vivê-la. Haverá quem entre no metaverso e se acomode, como se bastasse viver imerso em uma realidade etérea, sem produzir valor algum? É provável que sim. No entanto, isso já acontece no universo que conhecemos, onde já há quem viva como se fosse um mero espectador da própria vida.

Por meio de suas pesquisas com pacientes adictos, o psicólogo e pesquisador norte-americano Bruce Alexander estabeleceu uma relação entre o vício e o tédio. O metaverso veio para mitigar o tédio e criar um universo expandido de possibilidades. Fato é que as pessoas vão responder a essa nova forma de interação de maneira distinta. Toda nova tecnologia gera simultaneamente pessoas de moral aristocrata e moral escrava.

Em suma, as perspectivas que envolvem o metaverso são bastante positivas. Mas os mensageiros do apocalipse, ou seja, os pessimistas de plantão, disseminam mensagens de caos e devastação, como se este, sim, fosse o fim da sociedade.

Outro exemplo, ainda mais recente, é a chegada de interfaces amigáveis que permitiram a democratização da inteligência artificial (IA). Nem bem ela foi disponibilizada para a sociedade em geral, após setenta anos fechada nos laboratórios e utilizada apenas por iniciados, e a "Turma do Apocalipse" já começa a vaticinar caos, desemprego em massa e uma profunda e inevitável crise econômica. Poucos entendem que o processo é de acréscimo, não substituição. Que daqui para a frente, como nos diz Paul Tudor Jones, "nenhum homem será melhor que uma máquina, mas nenhuma máquina será melhor que um homem com uma máquina". A IA não vai tirar o emprego de ninguém, mas quem a utiliza provavelmente vai.

Ao assumir, e nos livrar, de tudo que é rotineiro, burocrático, previsível e repetitivo, a inteligência artificial devolverá nossa humanidade.

Para os pessimistas, até 2030 esse mecanismo vai roubar 40% dos postos de trabalho. E para os otimistas, ela vai poupar 40% do nosso trabalho. O futuro é o mesmo, o que muda é a ótica.

IDEIAS PESSIMISTAS QUE NÃO DERAM EM NADA

❯ O cometa Halley é visível da Terra a cada 76 anos, aproximadamente. Ao longo da história, despertou várias interpretações catastróficas, incluindo a preocupação de que ele colidisse com a Terra e destruísse a humanidade. Não é preciso mencionar que isso nunca aconteceu.

❯ Durante a crise do petróleo, a redução significativa da oferta na década de 1970 levou muita gente a temer uma crise energética e recessão econômica global. Contudo, a economia global se adaptou e se recuperou, e o episódio levou à diversificação das fontes de energia.

❯ Na virada de 1999 para o ano 2000, temia-se o famigerado "bug do milênio", relacionado à forma como os sistemas lidavam com a representação de datas. O temor era que, quando a data mudasse de "99" para "00", os sistemas interpretassem o ano como 1900, em vez de 2000, o que causaria erros em sistemas que dependiam de uma representação precisa das datas. Nada aconteceu.

❯ Em 2012, temia-se que o mundo acabasse, devido ao fim do calendário Maia. Seguimos aqui.

> Isso tudo sem falar das pandemias e epidemias reais e exageradas como eram as manchetes sobre o ebola, que ia dizimar a África; a vaca louca, que representaria o fim da economia britânica; e mais recentemente a Covid-19, que foi controlada mais rápido do que as previsões iniciais.

A falácia do apostador

Arthur Schopenhauer, filósofo alemão do século XIX, tinha uma visão bastante realista sobre o destino e o livre-arbítrio. Ele acreditava que a vida estaria sujeita a uma força primal que governaria o mundo e determinaria o curso das coisas. Submetidos a essa força, só nos restaria aproveitar o que recebemos. Nesse sentido, Schopenhauer via o destino como algo inexorável, que regia todos os aspectos da existência humana, e argumentava que as pessoas não teriam controle real sobre aquilo que lhes acontece; daí a inevitabilidade do destino. Só que, segundo ele, "o destino dá as cartas, e a gente joga". Em suma, não existiria nem livre-arbítrio: Deus, ou uma força maior, é que embaralha as cartas; nem destino definitivo: cabe a nós jogar com as cartas que recebemos. Com isso, mesmo que você receba uma boa mão de cartas, pode se dar mal se não jogar direito. Enquanto outros, que recebem uma boa mão, às vezes acabam sujando uma canastra limpa.

Por isso que gosto tanto de roletas. A meu ver, elas são a materialização do destino exemplificado por Schopenhauer. Temos a roleta e os números, me resta escolher no que apostar. O número escolhido por mim pode sair logo na primeira rodada ou nunca. A aleatoriedade da vida está estampada no giro da roleta, o que eu considero fascinante. E também por isso a aposta é tão viciante — e arriscada.

Ao jogar, ativo habilidades importantes, já que desconheço o resultado da roleta — este é um teste de *autoconhecimento*. Em seguida, posso praticar ou não a *resiliência* — eu aposto mais vezes naquele número ou eu paro de apostar. Posso ser *otimista*, ao achar que o número escolhido por mim vai sair (o que já aconteceu algum dia), então considero que ele vá sair de novo; ou porque não saiu, então posso cair na armadilha de pensar "O vinte não saiu nas últimas dez rodadas, então agora tem chances de sair".

Esse tipo de otimismo perigoso é provocado pela falácia do apostador. Trata-se de mais um viés cognitivo que leva as pessoas a acreditar que eventos aleatórios ou independentes estão interconectados ou são influenciados por eventos anteriores. Graças a ele, alguém acredita que, se o número vinte não apareceu na roleta durante muitas rodadas, a probabilidade de isso acontecer aumenta cada vez mais. Estatisticamente, sabemos que fato passado não altera a previsibilidade futura — a chance de sair o número vinte na roleta continua sendo exatamente a mesma em todas as rodadas, não importa o que aconteceu antes. Seguir apostando no número é um traço de otimismo.

Esse otimismo se transforma em irresponsabilidade somente quando o apostador deixa de estar ciente do quanto ele é capaz de seguir apostando — da mesma forma que um gestor ou executivo otimista precisa estar devidamente ciente do contexto no qual está inserido e de quais são os recursos à disposição dele.

A cada vez que o jogador dobra a aposta, ele perde em uma progressão geométrica, exponencial, ao passo que o cérebro raciocina em progressão aritmética. Só para você ter noção: se eu pegar um tabuleiro de xadrez e colocar um grão de trigo no primeiro quadrado, dobrar a quantidade no segundo, quadruplicar no terceiro, e assim por diante, seguindo uma progressão geométrica, toda a produção de trigo do Brasil será insuficiente para completar o tabuleiro. Essa é a dimensão do avanço — e da perda — exponencial.

Por isso é preciso reforçar que ser otimista não significa ser inconsequente. O otimismo não é crer no irreal nem deixar a falácia do apostador tomar conta das decisões.

Em suma, ser otimista é:

1. ter uma visão positiva do futuro;
2. fazer tudo que estiver ao seu alcance para aquilo dar certo;
3. entender que, se algo não deu certo em determinado momento, você não perdeu: você aprendeu.

É uma questão de perspectiva. Tem gente que olha para o mundo achando que tudo vai dar errado ou que aquele espaço não lhe pertence; que o tempo é curto ou que nunca será capaz. Enquanto isso, há quem se joga com entusiasmo nesse mar desconhecido e chega vitorioso ao outro lado do oceano.

> **Quando lhe faltar perspectiva, lembre-se de que sempre há um ponto de fuga.**

CAPÍTULO 4

Adaptabilidade

Inteligência é a capacidade de se adaptar à mudança.
Stephen Hawking

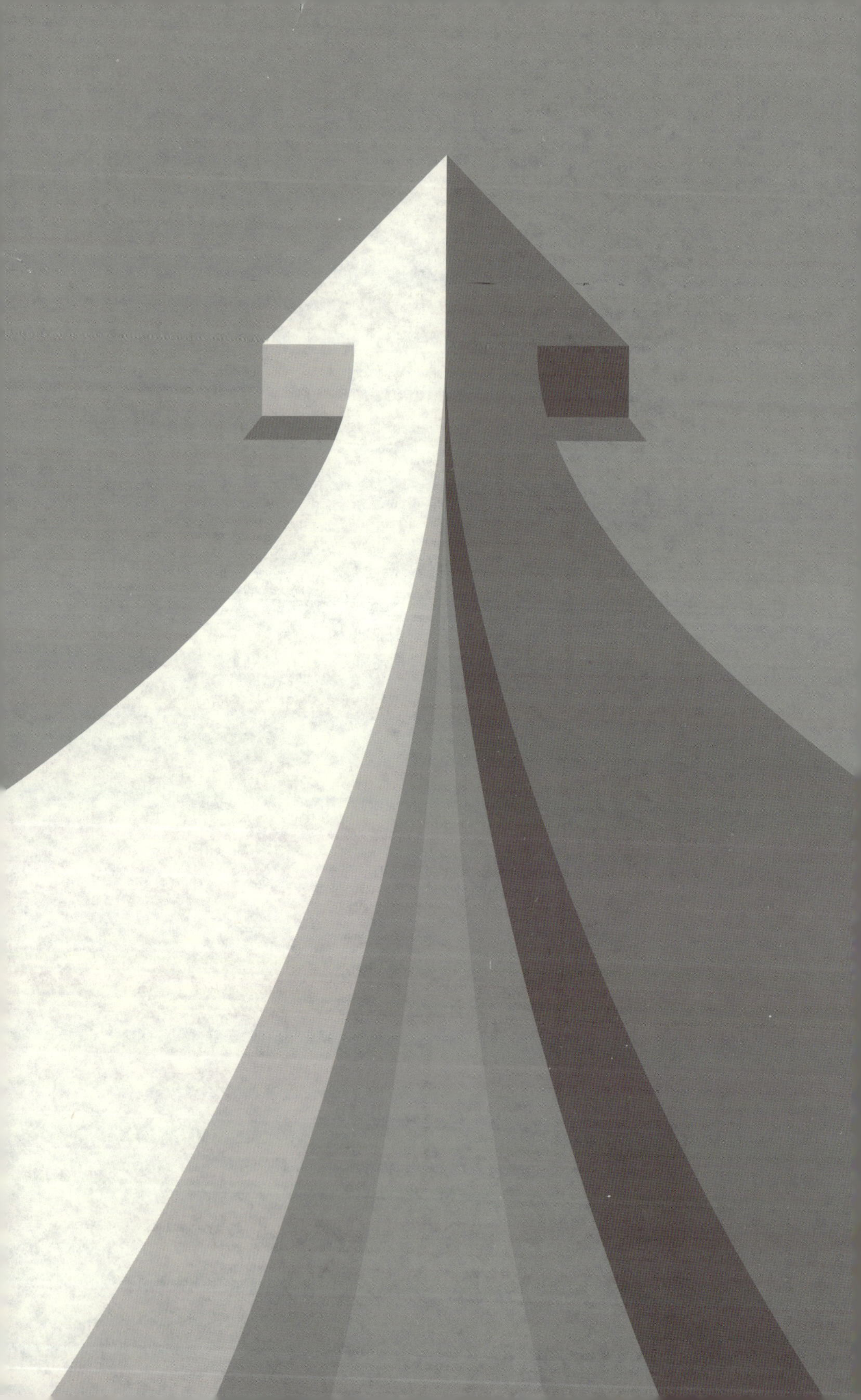

Em 2013, Bruce enfrentou um revés considerável, que poderia tê-lo incapacitado. O kea, também conhecido como papagaio-da-nova-zelândia, perdeu a metade superior do bico. Para qualquer pássaro, um bico funcional é de extrema importância, pois é essencial para a alimentação, assim como para a ação de *preening*, que é quando o pássaro limpa as próprias penas e as dos seus pares, removendo sujeira e parasitas.

Apesar da limitação física, que poderia se impor como um desafio, Bruce não se deu por vencido. Com uma notável capacidade de adaptação, ele desenvolveu uma solução engenhosa que lança luz sobre o comportamento intencional em várias espécies de animais.

Durante o *preening*, ele passou a buscar pequenas pedras no ambiente ao seu redor. A pedra precisaria ter o tamanho ideal para encaixar confortavelmente entre seu bico inferior e a língua, para que o pássaro pudesse sustentá-la tanto quanto fosse necessário. Com maestria, ele utilizou essa pedrinha para deslizar entre suas penas, resultando em uma limpeza eficaz.

Pesquisadores da Universidade de Auckland conduziram um estudo minucioso que ressalta a natureza deliberada do comportamento de Bruce. Além disso, a persistência desse exemplar se destaca.

Em quase todas as situações em que a pedra caiu durante o *preening*, Bruce não hesitou em pegar a mesma pedrinha novamente, ou uma similar, para prosseguir com a tarefa. Essa habilidade de identificar a ferramenta adequada e a dedicação à tarefa em questão eliminam a possibilidade de a ação de Bruce ser um acaso fortuito. Bruce claramente tinha a intenção de solucionar o desafio de manter suas penas limpas e criou uma solução inédita para a sua espécie.

Na natureza, os keas não são conhecidos por utilizarem ferramentas. Portanto, o uso individual e deliberado de ferramentas inovadoras diante de uma limitação representa uma notável flexibilidade de inteligência. A adaptabilidade da ave e sua capacidade de resolver novos problemas demonstra a habilidade do kea de evoluir e enfrentar desafios à medida que surgem. A natureza nos revela exemplos inspiradores de adaptabilidade e engenhosidade. E não me refiro somente aos pássaros.

No mundo dos negócios e no dia a dia, a adaptabilidade também assume um papel de destaque. Em um cenário em constante mudança, ela emerge como um dos pilares essenciais não apenas para o sucesso, mas também para a sobrevivência. Assim como Bruce, indivíduos e empresas enfrentam desafios que exigem ajustes contínuos. Imagine uma bússola que se move com fluidez, ajustando-se instantaneamente a cada novo direcionamento. Da mesma forma, ser adaptável requer prontidão para aprender e a disposição de explorar o desconhecido.

A capacidade de se adaptar é ainda mais visível em períodos de mudança imprevista, como ilustra a pandemia da

Covid-19. Empreendedores, gestores e líderes de negócios tiveram que se ajustar a novas formas de trabalho e interação. Enquanto para alguns isso significou se adaptar ao trabalho remoto e às interações virtuais, para outros envolveu reformular estratégias de negócios e adotar soluções digitais de maneira ágil.

Executivos têm um papel crucial não apenas em cultivar a própria adaptabilidade, mas também em fomentar uma cultura organizacional que valorize a inovação e a mudança. A capacidade de antecipar e responder a tendências emergentes é fundamental para manter a competitividade e garantir a sustentabilidade dos negócios.

Tanto para o kea Bruce quanto para indivíduos e empresas, a adaptabilidade é a chave para prosperar em um ambiente em constante evolução. Em sua essência, a adaptabilidade é a disposição de enfrentar o desconhecido e encontrar maneiras de prosperar, independentemente das circunstâncias.

Seja em comportamentos animais intencionais ou nas estratégias empresariais, a adaptabilidade é o motor que impulsiona a evolução e o sucesso. Por essa razão, considero a essa uma das habilidades mais importantes dentre as descritas neste livro.

> **Espere o melhor, prepare-se para o pior, aceite o que vier.**
> *Provérbio chinês*

A adaptabilidade se manifesta de duas formas, que, por sua vez, proporcionam diferentes caminhos para o indivíduo dotado desta habilidade: o *improviso* e o *planejamento*.

Você, leitor, talvez esteja familiarizado com *reality shows* de sobrevivência, ou ao menos tenha ouvido falar em algum deles. Em programas desse tipo, os participantes são levados a um ambiente hostil e em condições inóspitas, munidos com a menor quantidade possível de recursos. Às vezes, precisam enfrentar desafios propostos pela produção do programa, como desvendar quebra-cabeças, construir pontes, escalar, nadar, dentre outros desafios que exigem dedicação física e mental. Em outros casos, precisam apenas suportar sobreviver no ambiente em que foram colocados, não importam as condições.

Esse tipo de desafio exige um nível avançado de adaptabilidade. Ainda que os participantes possam se preparar fisicamente antes de ingressar no programa, eles não sabem o que os espera. O clima pode ser diferente do imaginado. Pode haver insetos e outros animais que eles jamais tenham visto. Os alimentos encontrados podem ser bastante indigestos e em quantidade mínima.

Como suportar esse tipo de intempérie? Aqui, entra o primeiro tipo de adaptabilidade manifesta na natureza: a improvisação. Se o indivíduo não tem uma cama onde dormir, ele precisará de galhos e folhas para forrar o chão e poder se deitar sem ficar exposto aos insetos do ambiente. Na falta de recipiente para armazenar água, cascas de frutas poderão ser usadas como copos ou cuias improvisadas. Na luta pela vida, ou pelo prêmio, a soma entre criatividade e adaptabilidade resulta em respostas mais bem-sucedidas às adversidades que se impõem.

O ambiente empresarial é repleto de incertezas. Movimentos disruptivos no mercado — causados por novas tecnologias e players, mudanças regulatórias e eventos imprevistos, como pandemias e crises emergenciais endêmicas — são apenas alguns exemplos que demandam a capacidade de improviso. Ser capaz de se adaptar a mudanças com agilidade é fundamental para sobreviver e se manter no mercado — tanto para empresas quanto para gestores e profissionais em geral.

A capacidade de improvisar permite que as empresas ajustem suas estratégias e ofertas de produtos e serviços de acordo com essas mudanças, garantindo que permaneçam relevantes e competitivas. Em março de 2020, na iminência da implementação de medidas de isolamento devido à pandemia da Covid-19, o mundo todo parecia estar desesperado. Sem tempo para planejamento, quem respondeu mais rápido e soube improvisar melhor, quem transferiu equipes para o trabalho remoto, instituiu boas ferramentas de gestão e produção e reinventou a forma de se relacionar com os stakeholders, foi bem-sucedido.

O improviso muitas vezes leva à inovação. O exemplo mencionado é prova disso. Ao enfrentar desafios imprevistos, gestores são incentivados a explorar abordagens e experimentar soluções, processos e melhores práticas. Obviamente, nesse contexto a criatividade e um tanto de otimismo impulsionaram a adaptabilidade por meio do improviso.

Mas nem sempre essa habilidade está ligada a se ajustar de maneira criativa para correr atrás do prejuízo. O outro lado dessa moeda consiste em planejar e se preparar para quaisquer eventualidades no horizonte. Isso exige certo nível de conhecimento da área em que estiver envolvido.

Quando vou dar minhas palestras, levo equipamentos reservas, adaptadores, vários formatos de mídia e preparo apresentações de diferentes durações, caso algum imprevisto interfira no tempo que terei disponível.

Como mencionado no capítulo anterior, tenho uma vasta experiência na área de produção de grandes eventos. Ciente do que poderia dar errado, eu me planejava de todas as formas possíveis e imagináveis. Se um voo fosse cancelado, tínhamos outra passagem comprada. Se um artista não pudesse comparecer em cima da hora, já havia outro de backup — os fãs puderam ver a importância dessa habilidade de planejamento em grandes festivais de música recentes, quando as atrações principais anunciaram em cima da hora que não compareceriam. Graças a um planejamento competente, já havia outros artistas de peso a postos para substituí-los.

Sei que a adaptabilidade relacionada ao planejamento é a vertente que me contempla, porque tenho certo nível de autoconhecimento. Isso não significa que eu seja incapaz de improvisar, caso necessário, mas sei que ter tudo minuciosamente planejado me deixa mais seguro.

O rumo do planejamento estratégico

A era digital foi marcada por um misto de fascínio e medo em relação às mudanças que traria consigo. Hoje, na era pós-digital, convivemos de maneira síncrona com o cibridismo e sem fazer distinção entre on-line e off-line. O metaverso é uma realidade iminente e o digital é parte do nosso dia a dia. Isso, sem falar do verdadeiro tsunami representado pela inteligência artificial, que, com competência surpreendente, já tomou quase todas as áreas de atividade humana.

Quanto mais o mundo em que vivemos parece efêmero, mais temos a sensação de que, para sobreviver, é preciso ser superficial. Confundimos superficialidade com efemeridade. Continuamos a pensar que existe uma correlação biunívoca entre ser estratégico no longo prazo e tático no curto prazo. Uma coisa não tem nada a ver com a outra. Podemos ser estratégicos no curto prazo, enquanto muita gente também é tática no longo prazo. O mundo pós-digital trouxe uma mudança de paradigma, mas não eliminou o pertinente, o profundo. Nascemos em um mundo onde tudo era mais perene e ainda hoje não nos acostumamos ao efêmero. Precisamos buscar coisas estáveis e profundas na efemeridade. Precisamos olhar as tendências, resolver as pendências, sem perder a essência.

Hoje, mais importante do que termos "armas digitais" é termos "almas digitais". As empresas devem aproveitar todos os recursos disponíveis nesse universo, seja por meio de sistemas colaborativos, redes sociais ou trabalho remoto.

> Identifico quatro características da era pós-digital: efemeridade, multiplicidade, tensão e sincronicidade.
>
> **› Efemeridade**: Tudo é efêmero. Ferramentas, processos e relações estão cada vez mais fugazes e exigem um novo olhar mutante sobre nossa realidade. Por isso é preciso agir como quem está em uma via expressa: acelerar para entrar e saber sair tão rápido quanto entrou.
>
> **› Multiplicidade**: As centenas de opções de mídias hoje disponíveis nos levam a um novo conceito, o do sincromarketing: uma rede de influências, com um veículo afetando o resultado do outro.
>
> **› Sincronicidade**: É mais importante do que a especificidade. É a possibilidade de ser sincrônico com o desejo do consumidor. É a necessidade de entender que as pessoas não são, as pessoas *estão*.
>
> **› Tensão**: Saímos da era da atenção para a era da distração. As marcas precisam gerar certa dose de tensão para atrair atenção, mas o mesmo se dá com as pessoas. Exemplos dessa mistura poderosa: Marilyn Monroe, que

> era inocente e sexy ao mesmo tempo; Lady Di, que era plebeia e nobre; Bono Vox, que é roqueiro e filantropo; e até nosso querido Steve Jobs, considerado genial e tirano simultaneamente. Só marcas com uma dose de tensão em sua identidade são capazes de continuar chamando a atenção num mundo cada vez mais desatento e caótico.

As ferramentas da era pós-digital devem ser integradas aos processos administrativos, e as organizações precisam se esforçar para alcançar esse estágio, adotando uma abordagem consultiva na oferta de produtos e serviços. Sobreviverão as empresas que passarem a solucionar problemas dos clientes e da sociedade, e não somente vender. Quanto maior a empresa e mais abrangentes forem os negócios, mais esforço e planejamento estratégico são necessários para competir.

Nesse contexto, utilizo o conceito de sincromarketing, que envolve a análise estruturada de possíveis cenários de mercado e a preparação de ações de marketing e comunicação que são planejadas e criadas tendo em vista as possíveis mudanças de cenários.

Diante das transformações no ambiente de mercado, isso coloca o player à frente da concorrência, e a adaptabilidade é parte intrínseca do planejamento estratégico da era pós-digital. Quanto mais instável e inesperado é o mundo, mais é preciso ter a atitude de desenvolver sincromarketing.

Se você trabalha na área de venda de automóveis, deve saber que cinco ou seis cenários poderão ocorrer em breve. A falta de peças lhe fará ampliar a área de venda de veículos usados pela sua revendedora, já que afetará o suprimento de veículos zero quilômetro. Uma concorrência que começa a baixar preço ou uma subida de juros que encarece financiamento exigirá que você faça uma boa promoção para girar o estoque e aquecer o caixa da loja.

Tendo em vista cada um desses cenários, cabe aos gestores ou empreendedores elaborar um planejamento estratégico de modo que a tomada de decisão seja ágil, flexível e adaptável.

> **Adaptabilidade é a capacidade de dominar o entorno e dominar o seu cérebro simultaneamente.**

A verdade é que o mundo vai mudar para todos, mas, para alguns, vai mudar muito mais. Para um redator, designer ou artista, a inteligência artificial já tem gerado uma mudança radical nas áreas em que atua, e a adaptabilidade é imprescindível — se não pelo planejamento, pelo improviso. Já um barbeiro ou um mestre de obras não têm encarado grandes desafios nesse sentido.

Isso significa que o efeito disruptivo da IA não impacta a todos? Óbvio que não. Ainda que a área de atuação profissional esteja passando incólume, outros âmbitos da vida também têm exigido adaptabilidade diante dessas transformações. Ainda que não afetem o barbeiro profissional, o barbeiro que é pai deve enfrentar mudanças na forma como seus filhos interagem com as redes sociais. Ou estabelecendo um CRM generativo para administrar melhor as relações pessoais com seus clientes.

Adaptabilidade tem a ver com a capacidade de entender que o mundo muda para todos, em diferentes âmbitos, ainda que alguns sejam mais afetados primariamente.

É possível testar a adaptabilidade em várias perspectivas. Uma delas é a *adaptabilidade ao novo*. O confinamento e o isolamento social que vivenciamos no início da década de 2020 geraram certa insegurança e lançaram a maioria da população para fora da zona de conforto. A solução foi buscar novos hobbies, adaptar o ambiente doméstico para torná-lo mais confortável e também receptivo para o trabalho remoto. Gestores tiveram que adaptar suas estratégias de liderança a esse novo formato.

Outra é a adaptabilidade para o *trabalho em equipe*. Em uma era na qual colaboração e diversidade têm sido postos como valores fundamentais para as organizações, saber trabalhar com pessoas com diferentes vivências e entregar resultados leva a oportunidades.

Nesse sentido, a adaptabilidade para *liderar* é mais uma dimensão de valor no ambiente corporativo. Em um mundo cada vez mais conectado, globalizado e diversificado, ocupará posições de liderança quem transitar em todos os meios e gerir pessoas, processos e objetivos.

> A verdade é que o mundo vai mudar para todos, mas para alguns vai mudar muito mais.

Tenho enfatizado a importância desta habilidade para o mundo dos negócios porque esta é uma angústia que tem ocupado profissionais de diferentes setores em meio a tantas quebras de paradigma. Mas a verdade é que as dimensões da adaptabilidade são válidas para todas as relações pessoais. Afinal, as pessoas "física" e "jurídica" ocupam corpos e espaços sociais simultâneos e compartilhados, apesar de desempenharem papéis distintos em cada ambiente.

A adaptação seminal

Um elefante adulto pode ultrapassar seis toneladas e chegar a quatro metros de altura, a depender da espécie. Há alguns anos, era comum que esse tipo de animal (assim como grandes felinos e outras espécies) fosse mantido em circos, que rodavam o país em trailers e caminhões. De que forma um animal tão opulento e forte era condicionado a tanta passividade?

Mesmo os filhotes de elefante são animais exuberantes, cujo peso se assemelha ao de um homem adulto, em torno de noventa quilos, perfeitamente distribuídos em um metro de altura. Se um filhote for preso por uma corda amarrada a uma estaca, impedido de se locomover, ele ficará parado e restrito ao espaço delimitado. Com o passar dos anos, o gigante paquiderme, com toda força e imponência, limitado pela condição que lhe foi imposta, se manterá preso à estaca do dono do circo — ainda que já seja capaz de arrancar a estaca e todo o circo, graças à sua força física de animal adulto. No entanto, ele não faz isso porque foi adaptado à limitação e acredita que não pode se soltar.

Essa crença da incapacidade e da restrição é uma estaca imaginária que todos nós, em algum nível, criamos em nossa mente. O conforto da crença na previsibilidade evita que tomemos decisões mais ousadas ou rumo ao desconhecido.

Para ter sucesso na vida profissional e pessoal é preciso entender que o ambiente muda constantemente, e que, por isso, sempre vale a pena tentar de novo.

Para ser adaptável, é preciso gostar do inesperado e estar disposto a sair da zona de conforto. Como disse o escritor Zack Magiezi: "Tem gente que se mata cortando os impulsos."

A habilidade de ser adaptável atrelada ao nível de estresse que cada um é capaz de suportar está descrita na teoria seminal da evolução. Em 1859, o geólogo e biólogo britânico Charles Darwin publicou *A origem das espécies*. Referida como a base da biologia evolutiva moderna, a obra trata da teoria da evolução por meio da seleção natural, ideia que revolucionou a compreensão científica sobre a diversidade das formas de vida na Terra.

A ideia central de *A origem das espécies* é que os diferentes seres vivos evoluem ao longo do tempo por meio de um processo chamado seleção natural. Darwin argumenta que a variabilidade hereditária dentro de uma população, associada à competição por recursos limitados e às influências do ambiente, leva à reprodução diferencial dos indivíduos e, consequentemente, à sobrevivência daqueles melhor adaptados às condições ambientais existentes. Ao longo do tempo, esses indivíduos transmitem suas características adaptativas às gerações seguintes.

A seleção natural, conceito central da obra, contradizia as ideias predominantes até o século XIX, que defendiam uma explicação criacionista para as formas de vida observadas no mundo. A adaptação é um conceito fundamental na teoria de Darwin, que defende como a capacidade de se ajustar ao ambiente é crucial para a sobrevivência e a reprodução das espécies ao longo do tempo.

> **Se você entender que as coisas simplesmente mudam, tudo deixa de parecer infernal.**

Ao observar a natureza, verifica-se que os animais herbívoros têm os olhos nas laterais da cabeça — pense nos olhos de um boi, de uma galinha e de um cavalo, por exemplo. Por outro lado, aqueles que comem carne têm os olhos voltados para a frente, como as onças e águias. Isso é fruto da seleção natural. A posição dos olhos na cabeça de um animal está relacionada ao seu padrão de alimentação e necessidades de sobrevivência.

No caso dos herbívoros, é preciso ter olhos lateralizados para cobrir um ângulo maior de visão sem precisar mover a cabeça, podendo assim detectar predadores e fugir, em vez de enfrentá-los. Olhos laterais também lhes permitem monitorar uma área maior ao procurar por comida.

Por outro lado, animais carnívoros, que muitas vezes dependem da caça para se alimentar, tendem a ter olhos posicionados mais à frente porque isso lhes proporciona maior percepção de profundidade e precisão ao perseguir as presas.

Entre o fim do século XVIII e início do XIX, ainda se acreditava que as características adquiridas durante a vida poderiam ser herdadas geneticamente pelas gerações futuras. Segundo a teoria do uso e desuso, de Jean-Baptiste Lamarck, os peixes que habitavam as cavernas ficaram cegos devido à falta de uso da visão nos ambientes de pouca luminosidade, e essa cegueira teria sido transmitida às gerações futuras.

No entanto, essa perspectiva vai de encontro à compreensão atual da genética e da evolução. As características adquiridas durante a vida de um organismo não são hereditárias, no sentido proposto por Lamarck. A evolução por seleção natural fornece uma explicação mais coerente para a cegueira em peixes abissais.

De acordo com o proposto por Darwin, as variações genéticas aleatórias *que conferem vantagens adaptativas* é que são transmitidas para as próximas gerações. Portanto, ao longo de muitas gerações, os peixes que nasceram com variações genéticas que os tornavam menos dependentes da visão tiveram vantagem em ambientes de escuridão total. Esses peixes cegos provavelmente foram mais bem-sucedidos em sobreviver e se reproduzir nas condições das cavernas, transmitindo suas características para seus descendentes. Assim, ao longo do tempo, as características genéticas que levavam à cegueira se tornaram mais comuns na população, mais adaptada ao ambiente.

Ou seja, o olho não atrofiou devido à falta de uso. A verdade é que, se você tem características convergentes com a necessidade do ambiente onde se encontra, você prevalece. Inclusive, é por essa razão que acredito que as mulheres vão predominar no ambiente de trabalho na era pós-digital.

A verdadeira arma digital

Em meu livro *Homens são analógicos, mulheres são digitais*, descrevo como épocas econômicas distintas pedem arquétipos dominantes distintos. Minha tese é simples: enquanto a economia era analógica e baseada na escassez — de produtos, serviços e informações —, o masculino era o mais bem-sucedido. Na atual economia pós-digital, vivemos uma abundância de produtos, serviços e informações, e o arquétipo feminino tende a prevalecer.

A convergência entre os mundos físico e digital consiste no que hoje chamamos de "figital", indicando a integração entre esses dois núcleos. O mundo figital envolve a maneira como a tecnologia se funde com a experiência física, transformando o modo como as pessoas interagem com o ambiente ao redor. A interconexão de dispositivos por meio da IoT e o uso de IA têm contribuído para a criação de ambientes inteligentes, onde dispositivos estão conectados à nuvem e são controlados remotamente. A força física dá lugar ao *smart*, em todos os sentidos.

Já vemos padrões pós-digitais se implementarem nas organizações com mais mulheres e também naquelas com homens que exploram seu lado feminino. E isso tende a se amplificar.

Apesar da teoria de que homens e mulheres são iguais, a compreensão de suas diferenças é o que permite o aproveitamento do que há de melhor de ambos os gêneros e aumenta a probabilidade de sucesso das corporações.

Às vezes, o mundo muda em uma direção que naturalmente nos favorece; às vezes, ele segue na direção oposta. O ambiente muitas vezes vai ao encontro das suas competências, ao passo que, em outras, determinadas características serão desprivilegiadas.

E a grande diferença que a sociobiologia demonstra hoje é que mulheres estão muito mais aptas a enfrentar e usufruir do mundo digital do que os homens. Esta é uma longa história, que remonta talvez aos nossos antepassados.

Basicamente, homens e mulheres ocuparam papéis diferentes durante milênios. Cabia ao homem sair da caverna e caçar. Então, desde os primórdios, ele aprendeu a disputar e lutar. Enquanto isso, a mulher, responsável pela prole, ficava na caverna cuidando dos filhos e convivendo com as outras mulheres. Assim, uma ajudava a outra no preparo de alimentos e demais tarefas.

Ao longo da história, as mulheres ocuparam papéis variados em diferentes contextos culturais. É comum que tenham desempenhado mais de um ao mesmo tempo, incluindo o cuidado dos filhos, a administração da casa e das atividades domésticas, o trabalho fora de casa, além de atividades relacionadas à comunidade na qual vivem, como tarefas religiosas.

Em algumas culturas, os homens historicamente ocuparam posições mais estáveis e previsíveis, como caçadores, guerreiros ou agricultores — e, posteriormente, a de provedores financeiros do lar —, enquanto as mulheres tiveram que se ajustar a mudanças nas circunstâncias, como migrações sazonais ou interações sociais diversas.

O empirismo sugere que as mulheres podem ser mais habilidosas em comunicação interpessoal e empatia, resultado de como costumam ser socializadas, o que pode facilitar a adaptação a diferentes situações sociais e grupos. Além disso, elas são mais encorajadas a serem emocionalmente expressivas e a buscar mais apoio psicológico e emocional, ao contrário do que acontece com os homens, destinando ao arquétipo masculino a dificuldade de se expressar, de lidar com sentimentos e, muitas vezes, de se adaptar.

Em resumo, homens são naturalmente mais competitivos, hierárquicos e monotemáticos enquanto mulheres são mais colaborativas, matriciais e polivalentes, o que as favorece nessa era pós-digital.

> No livro *Os arquétipos e o inconsciente coletivo*, Carl Jung descreve signos relacionados a padrões universais e a imagens que fazem parte do inconsciente coletivo da humanidade. Os arquétipos servem como uma forma de explicar as semelhanças nas histórias, mitos, símbolos e padrões de pensamento encontrados em diferentes culturas ao longo da história. Representam aspectos fundamentais da experiência humana e ajudam a moldar nossas percepções e reações ao mundo, podendo ser vistos como modelos básicos que influenciam nosso modo de entender questões comuns da vida, como amor, morte, poder, sabedoria, busca de identidade, entre outros.
>
> Alguns exemplos são:

> **Anima e animus:** São os arquétipos que representam as qualidades femininas no homem (anima) e as qualidades masculinas na mulher (animus).

> **Herói:** Representa a busca por superar desafios e obstáculos para atingir um objetivo maior. É encontrado em mitos e histórias épicas.

> **Mãe Terra:** Simboliza a maternidade, a nutrição, a fertilidade e o acolhimento natural.

> **Self:** É a expressão plena da personalidade individual. Representa a busca pelo estado de equilíbrio interno e pela autorrealização.

> **Sombra:** Refere-se aos aspectos reprimidos ou renegados da personalidade. Representa os impulsos, desejos e emoções que a pessoa tende a esconder ou ignorar.

> **Trickster:** Envolve a ideia de travessura, engano e desordem criativa. Pode representar a quebra de convenções e normas.

> **Velho sábio:** Representa a sabedoria, o conhecimento e a orientação. Pode aparecer como um mentor ou guia espiritual.

Desde o início da humanidade, a mulher foi colaborativa, ao passo que o homem viveu em um ambiente de constante disputa. Por isso, o homem é direcionado a *fight or flight* — ou seja, frente a um desafio, ele luta ou foge —, enquanto a mulher é *tend and be friend* — acolhedora e amistosa.

A Igreja e o Exército são instituições sociais representadas pelo masculino. Até a era digital, vivíamos em um mundo de escassez, de luta absoluta por sobrevivência e de disputa constante. O ambiente empresarial priorizava a concorrência, em oposição à colaboração, composto de hierarquias piramidais.

Hoje, o mundo caminha para uma sociedade com mais abundância, mais colaborativa, mais espraiada no que tange às autoridades e mais favorável à diversidade. Hoje, as estruturas deixam de ser hierárquicas e piramidais e passam a ser matriciais. Inclusive, as empresas têm buscado adotar diferentes modelos de organograma para sistematizar o quadro laboral interno, de modo a flexibilizar as relações e facilitar tanto a mobilidade entre cargos como a comunicação entre colaboradores. Para as mulheres, essa reorganização das estruturas de poder é normal e representa um avanço. Para o homem, é um pesadelo.

Por isso defendo que, neste novo cenário, não é suficiente que as empresas estejam munidas de armas digitais, ou seja, ferramentas técnicas que as deixem mais competitivas: elas precisam desenvolver uma *alma digital*. O que não acontecerá sem mulheres no comando. (Sempre que digo isso diante de uma plateia, as mulheres aplaudem, enquanto os homens ficam bravos ou, no mínimo, demonstram preocupação.)

Nessa nova sociedade colaborativa, muito mais movida pelo arquétipo feminino, colaborativo, conciliador e inclusivo, não há mais tanta necessidade de papéis atrelados à sobrevivência na escassez, que nos trouxeram até aqui. Obviamente, aqui me refiro a arquétipos, e não a gêneros. Por mais que busquemos a igualdade de gênero, fica cada vez mais evidente que nós não somos intrinsecamente iguais, e sim complementares.

Entender esses arquétipos favorece a adaptabilidade, ao passo que ajuda a entender o que é necessário desenvolver nos âmbitos pessoal e profissional.

> Em tempos incertos, a melhor estratégia é a adaptabilidade. Com a chegada da IA, não estamos mais em tempos de mudança, e sim numa mudança de tempo.

Cérebro em modo avião

Antes do domínio do fogo, a humanidade gastava uma quantidade enorme de energia nos processos de digestão, uma vez que precisava ingerir alimentos crus. Quando passou a cozinhar os alimentos, o homem primitivo pôde se dedicar a novas tarefas e reconheceu demandas diferentes para sobreviver. A energia sobressalente passou a ser usada pelo cérebro; este, por sua vez, se desenvolveu mais e, consequentemente, amplificou sua rede de conexões. O homem começou a pensar mais.

Ao longo do tempo, o cérebro aumentou em tamanho, mas também em complexidade, tendo que lidar com as demandas cada vez maiores do ambiente e das interações sociais. O córtex pré-frontal, em particular, sofreu expansão e diferenciação notáveis em comparação com outras espécies. Desde então, houve uma grande evolução cerebral dos seres humanos.

Não dá para haver evolução cerebral sem ter repositórios de energia sobressalente. Esse instrumento espetacular, que serve como bússola e motor para nosso corpo, consome uma quantidade imensa de energia para pensar, ainda que esta pareça uma atividade automatizada. O problema é que hoje nós estamos no nosso limite de energia, então ele tende a economizá-la.

Eis um conflito constante entre o motor e a máquina, ou entre o cérebro e o corpo. O corpo precisa fazer exercícios, porém o cérebro nos faz querer reduzir o consumo energético. Então pegamos o carro, vamos ao supermercado e estacionamos na vaga mais perto possível da entrada. Usamos escadas rolantes e elevadores, minimizando todo esforço. Então, para saciar a necessidade do corpo, vamos à academia e corremos na esteira, após evitar ao máximo andar a pé.

Esta é uma contradição do mundo atual. Diante do excesso brutal de informações, nosso cérebro precisa estabelecer conexões para gerar novos *insights*. Precisamos economizar energia cerebral e, por outro lado, estamos sedentários, precisando gastar a energia do corpo. A busca por esse equilíbrio é que define ao que vamos nos dedicar.

Steve Jobs, além de fundador da Apple, era conhecido por se vestir da mesma forma diariamente por simples conveniência, a fim de não gastar tempo e energia escolhendo roupas. Albert Einstein, Mark Zuckerberg e Barack Obama também são exemplos de adeptos do uniforme pessoal. Todos eles têm em comum o fato de colocarem o próprio cérebro no "modo avião" para o que é banal, mas também serem homens extraordinários em suas áreas.

Por isso, sempre procurei deixar a maior parte das minhas responsabilidades rotineiras como atividades passíveis de serem exercidas no automático — minimizando o gasto energético. Dessa forma, retenho energia para gerar *insights* e pensar em coisas novas, sem desperdiçá-la com o rotineiro, frívolo e usual. Por isso que só me visto de preto, sempre com o mesmo modelo de calça e de camisa. Quando viajo, procuro ficar sempre nos mesmos hotéis e alugar os carros que estou acostumado a dirigir. Tenho uma tendência, inclusive, a comer a mesma comida, nos mesmos restaurantes. Ou seja, de certa maneira, procuro diminuir o volume de surpresas no meu cotidiano, para que o meu cérebro me surpreenda.

Poupar energia com tarefas corriqueiras permite que ele esteja mais disposto a se dedicar a atividades intelectuais mais desafiadoras e faça correlações inusitadas. Ou seja, procuro estabelecer conexões mais ricas com o que é novo. Livros, filmes, e até interações sociais e experiências culturais tornam-se muito mais interessantes, já que meu cérebro passa a ficar totalmente *on* quando dedicado a eles. Assim, economizo a energia que seria gasta em coisas que não aumentam o meu repertório, para que eu tenha energia para dedicar ao que o amplia.

Minha esposa, por outro lado, adora a novidade. Ela busca o novo, mesmo no corriqueiro. O paradoxo é que isso também é enriquecedor. Conviver com uma pessoa diferente de nós, tanto em casa quanto no ambiente de trabalho, é desafiador e nos impulsiona à geração de *insights* e à mobilidade cognitiva. Isso nos faz crescer. E esse equilíbrio é o que nos proporciona tanto segurança quanto crescimento. Em suma, teremos momentos de estabilidade e outros de empolgação. Para cada um, a receita é diferente. Essa é a beleza da adaptabilidade.

> Eu almejo o entorno imutável para que a minha mente possa viajar.

CAPÍTULO 5

Resiliência

Ter desafios é o que faz a vida interessante.
Superá-los é o que faz a vida ter sentido.
Joshua Marine

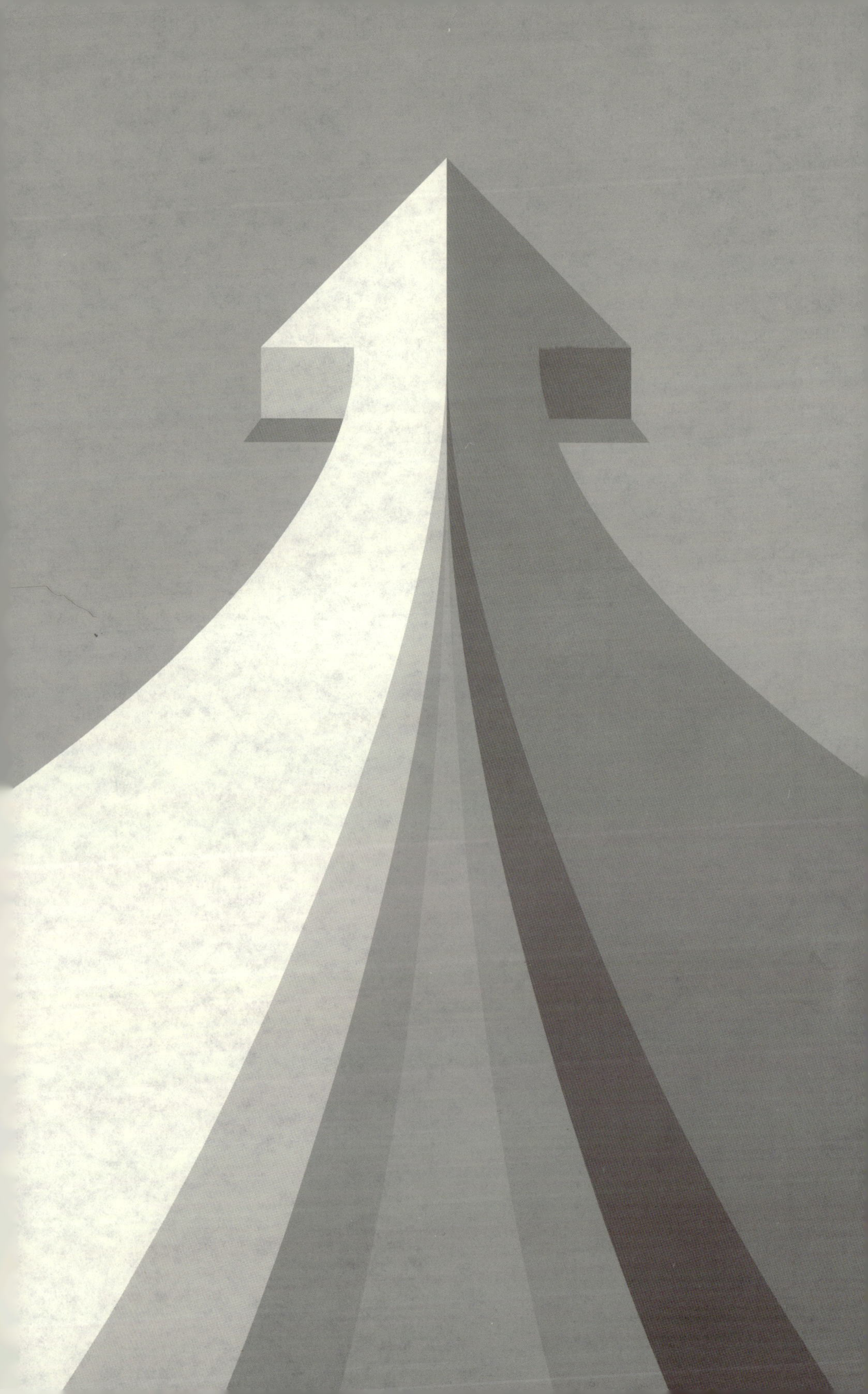

Bonn é uma pequena cidade alemã, ladeada pelo rio Reno, cujo principal atrativo não é necessariamente a beleza natural ou arquitetônica. Nela está localizado o Beethoven-Haus, espaço multicultural dedicado a um dos mais famosos compositores da história.

Ludwig van Beethoven nasceu em 1770 em Bonn, na Alemanha. Desde cedo, demonstrou um talento excepcional para a música e recebeu instrução musical do pai, que era tenor. Beethoven também teve a oportunidade de estudar com renomados músicos da época. Sua habilidade como pianista e compositor se desenvolvia com muita facilidade, o que chamava a atenção.

Por volta dos 28 anos, contudo, Beethoven começou a perceber os primeiros sinais de perda auditiva. Com ouvidos bem treinados na música, identificou os zumbidos logo de início. Com o passar do tempo, sua audição foi se deteriorando a ponto de se tornar irreversível.

Apesar da própria tragédia pessoal, Beethoven decidiu continuar sua carreira na música. Para isso, desenvolveu diferentes técnicas para superar a deficiência, incluindo o uso de um tubo de madeira, que fixava na estrutura do piano e colocava na boca enquanto tocava, para poder sentir as notas por meio da vibração das cordas.

A resiliência notável do compositor deixou como legado verdadeiras obras-primas, como a 9.ª Sinfonia, criada por ele depois da surdez. Você não precisa ser um apreciador de música clássica, como eu, para reconhecer a clássica "Für Elise" (acredito que qualquer indivíduo no mundo seria capaz de identificá-la como familiar, ainda que não saiba mais nada sobre ela). Este é o legado de resiliência deixado por Beethoven para a eternidade.

Na física, essa habilidade está atrelada à elasticidade de um material, ou seja, à sua capacidade de retornar à forma original depois de ser submetido à tensão. Essa propriedade é fundamental para garantir a integridade e a segurança de diversos tipos de estrutura, em especial aqueles que precisam ser duradouros.

Cada pessoa tem uma forma de resiliência. A dualidade inclusiva intrínseca aos seres humanos, que abriga essência e existência, nos permite termos características inatas, com as quais nascemos, mas também conquistá-las ao longo da vida.

Desde o ventre materno, somos submetidos a intempéries que põem à prova nossa capacidade de sobreviver e resistir. Portanto, a resiliência humana, justamente por sua definição de natureza física, é formada a partir da existência.

A psicologia comprova isso sob o método da terapia cognitivo-comportamental. Um estudo desenvolvido pela Universidade da Pensilvânia identificou que aumentar a capacidade dos adolescentes para lidar com problemas do dia a dia os tornava mais resilientes. Isso, por sua vez, se refletia na melhora da saúde mental, na redução dos sintomas de ansiedade e depressão, mas também no desenvolvimento de outras habilidades importantes, como otimismo e criatividade.

Como resultado, os pesquisadores desenvolveram um curso para treinamento de professores, que posteriormente se transformou no Treinamento de Resiliência ofertado para militares das tropas norte-americanas. A neuroplasticidade e o caráter existencial da resiliência nos permitem ativá-la quando mais precisamos dela.

Existem três caminhos essenciais que nos levam ao desenvolvimento da resiliência:

> **Necessidade:** o mais comum, possivelmente é o que mais forja o ser humano. Tenho episódios em minha vida em que a resiliência foi forjada a partir da necessidade. Falarei deles mais adiante.
> **Propósito:** ter algo que nos move faz com que aguentemos as adversidades tendo em vista um objetivo maior.
> **Fé:** independentemente de ter caráter religioso ou não, a crença otimista de que algo vai melhorar, sem dúvidas, é um caminho que favorece a resiliência.

A necessidade

Apesar de ser paulista, morei com meus pais em Recife até os 19 anos. Na capital pernambucana, eu levava uma vida com muito conforto e nunca trabalhei.

Até o dia em que decidi me mudar para São Paulo. Apesar de termos uma situação financeira que me permitia viver com tranquilidade, ela estava condicionada à vida sob o teto familiar. Então, quando comuniquei a decisão de me mudar, meu pai respondeu: "Aqui você tem seus estudos pagos por mim.

Tem casa, comida, ou seja, você está bem aqui. Se quer ir, se é isso o que você quer, tudo bem. Mas não vou te dar dinheiro para isso. Vá com as próprias pernas."

Pode parecer uma postura radical, mas, naquela época, os pais tinham uma atitude em relação aos filhos diferente do que vemos hoje. Muitos *millennials* puderam sair de casa para estudar em outros estados custeados pelos pais até o final da graduação, e boa parte deles retornou ao teto familiar depois faculdade. Não era o que eu desejava para mim.

Então, saí de Recife pedindo carona. Depois de percorrer um trecho, peguei um ônibus que levava ao interior da Bahia. A viagem não foi nada fácil. Lembro que havia acontecido problemas de barreira nas estradas. Para conseguir chegar ao estado de São Paulo, acabei trabalhando no navio *Rosa da Fonseca*, e desembarquei em Santos. O caminho entre o "Se vira" do meu pai e minha chegada ao que seria a realização de um sonho da juventude foi uma verdadeira epopeia.

Na capital, comecei a procurar emprego, achando que, depois de tudo, esta seria a parte mais simples. Nunca tinha trabalhado. Então, batendo de porta em porta, percebi que todos os empregos exigiam justamente o que eu não tinha: experiência anterior.

Eu morava em uma pensão no bairro da Bela Vista, onde dividia um quarto com um monte de gente. Se eu chegasse à noite, precisava tatear no escuro até encontrar a minha cama, para não acordar ninguém. Essa nova realidade para mim foi um choque. Eu havia deixado meu próprio quarto em uma residência grande e confortável em Recife, onde recebia mesada e acordava com o café da manhã posto à mesa, para ter que me alimentar de bolo industrializado, que era barato e me deixava com a sensação de saciedade — ou estufamento — o dia todo.

O dinheiro da mesada que havia juntado para a mudança uma hora chegaria ao fim. De repente, o desespero bateu.

Precisava de um emprego, e estava disposto a ir atrás de um. Mas não dava para inventar uma experiência prévia que eu não tinha. O que fazer? Em um domingo, comprei o *Estadão* e comecei a procurar por alguma oportunidade na seção de empregos, que era enorme e bastante importante na época. Um dos anúncios me chamou a atenção:

Procura-se vendedor maior de 21 anos, com domínio fluente do inglês, condução própria e experiência mínima de cinco anos, para efetuar a venda de títulos de sócios da advb — Associação dos dirigentes de vendas do Brasil.

A ADVB era uma entidade muito reconhecida. E eu não tinha nenhum dos quatro pré-requisitos solicitados, mas fui lá mesmo assim. Aguardei na fila de recrutamento e seleção como se minha vida dependesse disso — porque, em partes, dependia mesmo.

Quando chegou minha vez de ser entrevistado, fui sincero:

— Olha, antes de começar a entrevista, eu não tenho 21 anos, não tenho condução própria, não tenho cinco anos de experiência nem sou fluente em inglês.

A pessoa que entrevistava me encarou e indagou:

— Então por que você veio?

Ao que respondi:

— Vim porque vi o título da vaga e tenho certeza de que sou capaz de vender muito mais do que todas as outras pessoas que estão preenchendo fichas na sala de recrutamento.

— Está bem, vamos conversar. Vou te dar uma chance — respondeu o entrevistador.

Conversamos durante meia hora e, por fim, ele disse:

— Venha amanhã para o treinamento.

De manhã, eu fazia cursinho pré-vestibular, então, antes de sair, ainda precisei dizer:

— Olha, mais uma coisa... preciso avisar o senhor de que eu estudo pela manhã, então só posso vir à tarde.

Retirei do âmago uma confiança que eu não tinha (ou *não sabia* que tinha). Fui resiliente graças à necessidade.

Comprei um terno simples e barato na antiga Ducal, que vinha com duas calças, saí para a rua e comecei a vender. Eu me sentia bastante competente, mas o volume de vendas que eu atingia não era suficiente para pagar todos os custos de moradia, transporte, roupas, estudos e alimentação.

Um dia, enquanto passava pela Avenida Celso Garcia, na Zona Leste de São Paulo, na altura do número 5.000, vislumbrei a fachada do Consórcio Almeida Prado, empresa que trabalhava com consórcio de automóveis. De novo, fui tomado pelo ímpeto que a necessidade provoca.

Subi as escadas do prédio. Na recepção, me apresentei como vendedor da ADVB e pedi para falar com o diretor comercial da empresa. Hoje essa postura parece absurda, mas antigamente era muito mais fácil entrar nas empresas, ter acesso às pessoas, sem nenhum esquema de segurança. Além disso, mencionar a ADVB ajudava, a entidade era renomada.

O diretor comercial me atendeu e, depois de me apresentar, eu lhe fiz uma proposta:

— Eu vim aqui, em nome da ADVB, oferecer aos senhores uma palestra cujo título é "A importância do relacionamento em vendas". Acredito que será de grande valia para vocês.

A verdade é que eu não tinha a menor ideia do que eu estava falando. Mas o diretor comercial pareceu empolgado:

— Ótimo! Eu realmente acho o relacionamento algo muito importante. Na quinta-feira, nós teremos uma reunião com quatrocentos vendedores. Por favor, venha fazer a palestra no fim da reunião.

Saí de lá desesperado, mas, ao mesmo tempo, meu plano tinha sido bem-sucedido. Sabia que precisava me preparar. No capítulo anterior, sobre adaptabilidade, mencionei que o meu modo de ser adaptável é me planejar. Então, comprei transparências de retroprojetor (o mais velho e analógico parente do PowerPoint), para fazer minha apresentação. No meu quarto, comecei a estudar sobre relacionamento em vendas.

Chegada a quinta-feira, as minhas pernas tremiam. Durante trinta minutos, falei na frente de quatrocentos vendedores sobre a importância das relações humanas, do relacionamento em vendas, da importância de somar *know-who* e *know-how*. Falei sobre como conhecer pessoas é importante e como isso permite desenvolver uma estratégia de persuasão muito melhor para vender. No final da apresentação, deixei claro que a ADVB seria o local ideal para criar essa rede de relacionamentos, pois lhes permitiria fazer networking e ampliar o *know-who*. Eu estava ali para atender a uma necessidade *deles*.

Quando terminei a palestra, havia em torno de sessenta pessoas querendo se associar à ADVB. Pela segunda vez, fiquei feliz e desesperado, neste caso porque precisava ser rápido ao preencher os formulários. Acabei conseguindo atender umas cinco pessoas, enquanto as outras 55 foram embora para tocar a vida.

Naquele momento, percebi que precisaria mudar meu método de venda. A estratégia de ofertar a palestra tinha sido boa, pois gerou novos leads e angariou vários clientes novos, mas era preciso refiná-la para não perder as vendas.

Então, quando voltei à ADVB, recrutei outros cinco vendedores para irem comigo nas próximas palestras em reuniões de venda. Passamos a alugar uma Kombi para irmos a locais com grande fluxo de vendedores e dividíamos a comissão entre todos que me ajudavam a preencher os formulários dos novos associados.

Tinha criado uma metodologia de "venda por atacado" por absoluta necessidade. Ao me ver na iminência de passar dificuldade, eu resisti, venci a timidez e fui criativo na busca por uma solução. Foi a partir disso que eu aluguei um apartamento, comprei um carro, posteriormente comprei meu próprio apartamento, e nunca mais precisei voltar àquele quarto de pensão.

Olhando em retrospecto, fica evidente para mim que a minha resiliência para permanecer em São Paulo, em vez de desistir e voltar para Recife, foi fruto de uma necessidade. E foi justamente ela que me levou a ter coragem, a ganhar meu próprio dinheiro, a construir uma nova vida.

O propósito

Existe uma história bastante popular, que conta que, certa vez, durante uma visita à Nasa, o então presidente dos Estados Unidos, John F. Kennedy, encontrou um faxineiro que estava varrendo o chão. O presidente perguntou ao homem o que ele estava fazendo, ao que o faxineiro respondeu: "Sr. Presidente, estou ajudando a levar o homem à Lua."

Não existem registros que comprovem o fato, mas de toda forma a mensagem que a história carrega é bastante provocadora. Por mais repetitiva ou cansativa que seja a tarefa que alguém executa, o que o fará permanecer nela é a existência de um propósito. O propósito dá sentido a algo e, assim, alimenta a resiliência.

Empresas que têm um propósito claro, e cujo propósito é compartilhado com os colaboradores, são muito mais resilientes do que aquelas cuja missão se resume a um quadro preso à parede. Quem se levanta da cama todas as manhãs sabendo o porquê de estar fazendo isso com certeza estará motivado e terá mais resiliência.

> Hoje o sucesso em atrair e manter talentos tem tudo a ver com o propósito de uma organização. Um estudo elaborado pelo Korn Ferry Institute visava analisar a importância do propósito para as organizações. O relatório final, chamado "People on a mission", aponta que:
>
> ❯ Empresas com equipes focadas no propósito são mais resilientes.
> ❯ Organizações no setor de consumo orientadas ao propósito alcançaram uma taxa de crescimento anual quase quatro vezes maior em comparação às demais.
> ❯ Noventa por cento dos executivos entrevistados afirmaram que o compromisso com o propósito por parte da liderança gera benefícios financeiros no longo prazo.
> ❯ Empresas orientadas ao propósito costumam se destacar na lista S&P 500.
> ❯ Um propósito sólido e claro pode contribuir com uma melhoria de até 17% no desempenho financeiro.
> ❯ Colaboradores com uma orientação ao propósito relatam maior satisfação no trabalho, se saem significativamente melhor em suas avaliações de desempenho e são muito mais propensos a ser promotores da organização.
>
> Esta é a diferença entre a *razão social* e a *razão de ser* das empresas e isso se reflete na perenidade delas.

> **Propósito é o porquê da existência de uma empresa e a razão pela qual trabalhamos todos os dias.**
> **É a maneira única como nos organizamos para definir nossa contribuição ao mundo.**

Coração valente, dirigido por Mel Gibson e vencedor de inúmeros prêmios, entre eles o Oscar de Melhor Filme em 1996, ilustra bem como a resiliência está atrelada ao propósito quando este é carregado, literalmente, como um estandarte.

Embora o enredo seja ficcional, é baseado em elementos históricos para narrar a revolta da Escócia e seu levante contra a dominação inglesa no século XIII. O protagonista, William Wallace, é um líder com profundo senso de propósito, que deseja libertar a Escócia e restaurar a independência de seu país.

Isso o leva a mobilizar pessoas e engajá-las na luta, enfrentando batalhas brutais e traições. No entanto, seus guerreiros persistem. Wallace serve como um líder inspirador para seu povo. Sua determinação e compromisso com a causa inspiram os outros a se unirem a ele. Mesmo diante da dor e das dificuldades, Wallace e seu exército permanecem no que consideram sua missão de vida.

O propósito corporativo ganhou uma importância ainda maior atualmente. Os *millennials* e a geração Z chegam ao mercado de trabalho com uma autoestima muito maior do que a das gerações anteriores, somada a uma necessidade muito menor de sobrevivência. Nas últimas três décadas, dificilmente veríamos os pais dizerem um "Se vira" para os filhos como o meu fez comigo. Graças a isso, quase todos os adultos nascidos a partir da década de 1990 hoje buscam trabalhar orientados pelo propósito.

O propósito das organizações é como o estandarte das guerras medievais que iam sempre à frente no campo de batalha. Ou seja, para formar times coesos e resilientes, é preciso exibi-lo, mas também se conectar profundamente a ele, para que esse senso compartilhado envolva a todos os stakeholders. O propósito é transcendente.

A fé

"'No mundo tereis aflições', certo? Então, não tem como eu dizer para você que é fácil, porque se o próprio Mestre, o Messias, que nasceu perfeito, tanto em sua forma física quanto em seu caráter, sofre aflições, que dirá eu, que sou falho...", diz o jovem Paulo Henrique Nascimento Pereira em frente a câmera, com um sorriso estampado no rosto enquanto trabalha no centro da cidade de Coronel Fabriciano, interior de Minas Gerais.

A Região Metropolitana do Vale do Aço é composta de 28 municípios. A área industrial abriga empresas metalúrgicas e as maiores siderúrgicas do Brasil, o que contribui para o desenvolvimento da região. Devido à sua importância econômica, o Vale do Aço possui uma infraestrutura bem desenvolvida, facilitando o trânsito de pessoas e mercadorias, o que beneficia ainda mais a geração de empregos.

Paulo nasceu nessa região próspera e promissora para quem lida com o aço. Apesar das oportunidades de trabalho no setor industrial em Coronel Fabriciano, no entanto, o destino lhe reservou outra coisa, bem longe do metal.

Paulo nasceu prematuro e com paralisia cerebral. A deficiência, que compromete sua coordenação motora e dicção, dificulta sua inserção no mercado de trabalho. A alternativa foi vender doces em uma esquina movimentada da cidade — atividade que ele executa entusiasmado, enquanto fala para a câmera sobre as dificuldades sofridas por Jesus e parece até alheio às que ele mesmo enfrenta.

Paulo tem 66 mil seguidores no Instagram e um canal no YouTube, chamado paulohenrique70x7, que ultrapassa vinte mil inscritos, em 2024. Em seus vídeos, ele fala sobre a própria vida, permeada de fé, gratidão e resiliência. Bastante religioso, ele também dá palestras sobre esses temas.

> Dor e sofrimento não são sinônimos, são quase antônimos. Quanto mais se evita a dor, mais impera o sofrimento.

Apesar das variações entre as diferentes ligas, em geral o aço é conhecido por ser um material com alta rigidez e módulo de elasticidade relativamente alto, o que lhe dá uma boa resiliência. Mais do que na geografia dada por sua cidade natal, é neste ponto que Paulo Henrique mais uma vez se encontra com o aço. Ambos são capazes de resistir aos impactos e à pressão a que são submetidos, sem perder suas características originais.

O rapaz é movido por uma resiliência feliz, não resignada, de forma que a fé não o torna conformado, mas lhe dá um sentido de vida, alimenta-o com o prazer de se esforçar.

A resistência entusiasmada

Apesar de o termo "resiliência" ser emprestado da física, esta habilidade, assim como a existência, também é humana, não exata. Após sofrer determinada tensão, a resiliência do aço lhe permite voltar exatamente à forma anterior. Já uma árvore, com seu tronco de madeira, será capaz de resistir à tempestade, mas voltará com algumas folhas a menos.

A transformação faz parte da natureza da vida. As tensões alteram a composição dos seres, seja retirando um pouco das folhas de uma árvore, seja nos dando um aprendizado. Por isso, um fator fundamental para ter resiliência é a capacidade de sentir prazer no processo e entusiasmo pelo dever cumprido.

Algumas vezes, o resultado final não necessariamente é atingido, então a satisfação precisa estar atrelada também ao prazer de ter feito o seu melhor. Olhar para trás e poder dizer: "Eu tentei de tudo, fiz o que pude" conforta e dá segurança, e também é um ato de resiliência.

Isso vale tanto para o âmbito profissional quanto para o pessoal. Se você é pai ou mãe, certamente já chegou em casa após um dia de trabalho desejando, mais do que tudo, tomar um banho (ou uma taça de vinho) e descansar, mas lá estava seu filho, querendo atenção. Neste caso, existem duas opções: se recusar a passar um tempo com ele ou ter a resiliência para brincar com a criança.

Descansar muitas vezes parece a melhor opção, e pode até ser no curto prazo. No entanto, você corre o risco de, em alguns anos, se deparar com a seguinte sensação: "Nossa, como o tempo passou rápido... o meu filho cresceu e eu perdi boa parte disso."

Em suma, resiliência não tem apenas a ver com resistir para atingir um objetivo, como costumamos pensar. Ela também e a capacidade de se superar pouco a pouco, diariamente, para no futuro ter a sensação de que você deu o seu melhor. Quem sabe que fez a sua parte dorme o sono dos justos.

> **Resiliência é a igual à felicidade futura.**

Entre coragem e teimosia: equilíbrio ou *trade off*

A necessidade de resiliência cresceu quando o mundo passou a se acelerar. A expansão e otimização das redes de transporte comercial, seguidas pela consolidação dos meios de comunicação, eliminaram as barreiras geográficas e possibilitaram a atuação e competição em territórios distantes. Isso ampliou significativamente o alcance dos mercados que as empresas poderiam conquistar.

Até então, os estabelecimentos comerciais locais, cujo alcance era limitado pela geografia, ficavam restritos em relação ao seu mercado-alvo, resultando em empresas de potencial reduzido. Os locais de trabalho formados eram, por conseguinte, de natureza generalista, cada indivíduo exerce diferentes funções e as conexões pessoais eram estreitas, uma vez que a maioria dos trabalhadores morava em locais próximos.

O desenvolvimento industrial, os avanços tecnológicos e o fenômeno da globalização contribuíram para a criação de um mercado mais dinâmico, o que viabilizou o crescimento das empresas. A estrutura organizacional resultante se configurou a partir de uma divisão por áreas especializadas, em contraste com a abordagem generalista de antes. Isso também trouxe desafios adicionais para a gestão de negócios.

Essas inovações possibilitaram uma produção a custos consideravelmente mais baixos. A necessidade de especialização se tornou inegável, levando as grandes empresas a estabelecerem escritórios dedicados a gestores profissionais, responsáveis por assegurar a eficiência dos processos e a oferta de produtos ao mercado.

O mercado de trabalho é um ecossistema em constante evolução, reflexo das mudanças da sociedade. Quanto mais rápida a mudança e alteração de cenário, mais os seres humanos são submetidos a pressões, portanto, ter a capacidade de resistir e voltar ao estado natural é ainda mais importante.

> **A resiliência exige uma constante análise de viabilidade desprovida de crenças e abraçada na razão.**

Para desenvolver um absorvente especificamente dedicado às primeiras menstruações, a Johnson & Johnson realizou um extenso projeto de pesquisa. O objetivo era chegar à perfeição do produto nas seguintes características: tamanho, já que, na menarca, pessoas que menstruam em geral são fisiologicamente menores; embalagem, de modo que fosse atrativa, prática e discreta; e nome. Para isso, os testes do produto incluíram grupos focais e pesquisas de campo. Sendo uma empresa de grande porte, reconhecida pela alta qualidade dos produtos e dispondo de recursos, a Johnson & Johnson dedicou muitos anos à análise, à pesquisa e ao aperfeiçoamento.

Ainda está enraizada na cabeça de muitos a noção de que é necessário sempre ir em busca do ótimo. Há poucas décadas, a indústria desenvolvia seu produto até que ele estivesse completamente otimizado em termos de preço e qualidade. Tendo em vista o cenário competitivo das empresas, com certeza a qualidade não é um fator a ser ignorado.

Porém o mundo entrou nesta era de efemeridade, de crescimento e transformações exponenciais. Não temos mais disponível todo o tempo do mundo para chegar à perfeição, o que nos leva ao conceito de *good enough*, ou suficientemente bom.

Avance alguns anos após a história da Johnson & Johnson e chegará a outra empresa muito bem-sucedida, que optou por uma estratégia completamente diferente. Em 2007, quando Steve Jobs lançou o primeiro iPhone, ele sabia que aquele não era um produto perfeito. A tela não era tão boa quanto ele gostaria, o vidro era frágil, a resolução deixava a desejar, não haviam muitos aplicativos disponíveis e a famigerada duração da bateria é sentida até hoje. Ainda assim, o produto era *good enough*, suficientemente bom para mudar a história dos celulares.

Em setembro de 2023, foi lançado o iPhone 15, uma nova versão do aparelho da Apple que segue em constante evolução. As atualizações, grandes ou pequenas, são aguardadas pelos usuários da marca, que todos os anos esperam pelo próximo iPhone suficientemente bom e que em breve será melhorado.

É evidente que lançar o *good enough* não é sinônimo de se contentar com o *bad enough*, ou ruim o bastante. Aqui, me refiro à criação de algo efetivamente bom, e não somente tolerável.

Para validar o lançamento de um produto ou serviço, o mercado costuma trabalhar com o produto mínimo viável (PMV), isto é, uma versão simplificada, que contenha funcionalidades essenciais. Assim, é possível coletar feedbacks dos usuários e mensurar a melhor relação custo-benefício também para o processo de desenvolvimento e produção.

Hoje, é possível lançar um produto, revisar suas características após a avaliação dos usuários, analisar a concorrência, aprimorá-lo e mantê-lo no mercado fazendo atualizações constantemente. Isso ajuda a reduzir riscos e evitar gastos desnecessários com um produto que não atenda às necessidades dos clientes.

Essa noção também se expressa na natureza. Para fugir de um predador, um animal não corre cem quilômetros a mais do que ele. Basta correr cinco quilômetros a mais — o suficiente para fugir sem gastar todos os recursos de que dispõe e precisa.

Esta é a mentalidade da resiliência para uma era de concorrência acirrada: entender o que por ora é suficientemente bom, e continuar evoluindo para se manter na frente. "Melhor feito do que perfeito", diria a sabedoria popular.

Às vezes eu acerto, às vezes eu aprendo.

Diante de todos os indícios de que o desenvolvimento de um determinado produto não sairá como esperado ou não terá chances de competir no mercado, muitas empresas insistem no desenvolvimento dele. Ultrapassam o limite do razoável, desperdiçam dinheiro, perdem oportunidades ou *market share*. Por isso, cuidado para que a resiliência não se transforme em teimosia ou insistência em exagero. Nesses casos, se apegar aos dados disponíveis, associados à intuição, é fundamental para avaliar o cenário com clareza.

No Capítulo 10, falarei sobre coragem. Uma das manifestações da resiliência é justamente a coragem de abrir mão de algo, usando-a como um sistema de freios e contrapesos, de modo que a resiliência nos faz resistir, às vezes estanques, mas a coragem nos ajuda a tomar a decisão necessária.

As habilidades se fundem e se complementam. Assim como coragem e resiliência podem levar a uma tomada de decisão mais equilibrada, otimismo em excesso demanda adaptabilidade, e muito entusiasmo e criatividade podem depender do foco para garantir que a execução aconteça. Muitas vezes, não será uma questão de *equilíbrio*, mas de *trade off*, ou seja, tomar para si a responsabilidade e decidir que lado assumirá o protagonismo da decisão. Lembre-se de que, entre o remédio e o veneno, a diferença é a dose. Como definir esses limites é uma decisão individual.

A 11.ª habilidade

Como menciono no Capítulo 4, olhos posicionados na lateral da cabeça proporcionam um campo de visão ampliado. Graças a isso, animais com essa configuração craniana e que ocupam posições mais inferiores na cadeia alimentar têm a capacidade de visualizar o predador se aproximando com antecedência, o que lhes permite se salvar algumas vezes. Por sua vez, os predadores têm uma visão mais precisa e focada, o que lhes favorece identificar e perseguir as presas.

De acordo com a "seleção natural" que ocorre no mercado hoje, sobreviverão profissionais e empresas que têm olhos na frente, perseguindo o desenvolvimento contínuo conforme a evolução do mercado e, simultaneamente, olhos laterais, sendo capazes de identificar quando o concorrente se aproxima e não ser capturado. Se fisiologicamente isso é impossível, a habilidade adaptativa que nos proporciona uma visão ubíqua é a *garra*.

> Ter garra é não deixar de pôr um pé diante do outro. Ter garra é buscar uma meta interessante e significativa. Ter garra é se dedicar, dia e noite, semana após semana, durante anos a fio, a uma atividade desafiadora. Ter garra é cair sete vezes e levantar oito.
>
> *Angela Duckworth*

A garra é uma espécie de subproduto da resiliência. Ao somar a garra de todos os colaboradores obtêm-se a adrenalina corporativa, ingrediente fundamental para uma empresa de sucesso.

Equipes com garra são resilientes, sentem prazer no processo, dão o seu melhor esteja o resultado próximo ou não. Apesar de sofrer os impactos da guerra, elas continuam avançando. Pessoas sem garra já entram nos projetos derrotadas.

Existem, é evidente, as pessoas dissimuladas, que tentam demonstrar autoconfiança e resiliência, mas, na primeira adversidade, comprovam justamente o contrário. O mais curioso para quem está acostumado a lidar com pessoas no ambiente corporativo é que a garra é algo que dá para ver nos olhos.

Por isso, sempre digo que, para gerenciar uma organização, tão importante quanto entender do negócio é entender de pessoas. Pessoas são universos únicos, e a gestão exige capacidade de entender o ser humano. Isso capacita os gestores a identificar com mais facilidade quem devem valorizar, incentivar ou demitir.

Quando monta um negócio, o empreendedor busca criar a própria Torre de Babel, enorme, imponente, diversificada. Na verdade, o que muitas vezes ele acaba montando é uma Torre de Marfim, na qual permanece encastelado, esperando que as coisas funcionem. É preciso descer as escadas e conversar em todos os idiomas de quem habita Babel.

Como inocular a garra

Assim como o entusiasmo, a garra é uma característica inata, mas também é contagiante. Em uma cultura organizacional que não valoriza a meritocracia, é possível que os colaboradores não se sintam impelidos a olhar para todos os lados e seguir adiante de forma resiliente em busca dos resultados. Para isso acontecer, é preciso inocular a garra como parte estrutural das equipes e contagiar as pessoas com esse ímpeto. Existem alguns caminhos possíveis.

❯ O **exemplo** é uma forma de instigar garra em toda a equipe. Um empreendedor ou gestor é parte estruturante da empresa, e quando ele demonstra essa habilidade, de certa maneira, interfere em toda a espinha dorsal da corporação. No entanto, esse movimento precisa ser autêntico, já que impostores acabam sendo desmascarados quando confrontam uma situação de crise.

❯ Quando esse ímpeto não vem de cima, **contratar pessoas** com garra é outra forma de contagiar o ambiente,

> já que existem pessoas naturalmente com mais garra do que outras.

> ❯ Formas de **remuneração** agressivas também podem ampliar a garra. Mas é preciso usar esse recurso com parcimônia, para não ficar refém dele.

> ❯ A forma mais sustentável no longo prazo é gerar um **propósito** tão relevante que até as pessoas que normalmente não teriam garra sejam capazes de ativá-la dentro de si.

Resiliência é fundamental, ainda mais quando as transformações ocorrem de maneira exponencial, ao passo que as novas gerações estão se tornando frágeis e se mantêm dependentes dos pais cada vez por mais tempo. Assim, este caminho para a resiliência se dissolve. Quem não tem necessidades passa a se preocupar mais com o fim do mundo do que com o fim do mês, porque o fim do mês alguém já resolveu.

Em partes, isso explica o "The Great Resignation", fenômeno de demissão voluntária em massa que vem ocorrendo em todo o mundo. Nos Estados Unidos, mais de 8,5 milhões de pessoas abandonaram empregos qualificados entre setembro e outubro de 2021 sem ter outra oportunidade em vista, mesmo diante da instabilidade econômica. O banco Goldman Sachs encarou o movimento como uma ameaça ao crescimento da economia.

As novas gerações não enxergam mais a correlação biunívoca entre esforço e recompensa. Sucesso só vem antes do trabalho no dicionário. No passado, o problema era o desemprego. Agora também é o abandono.

Estamos vivendo a primeira revolução na história da humanidade que abarca as dimensões cultural, econômica e política. É literalmente uma revolução 3D, que envolve a todos, convidando-nos a deixar de sermos meros espectadores da história para fazermos parte dela. É exatamente como ocorre quando vamos ao cinema ver um filme em 3D, mas com a diferença de que a participação de cada um altera em alguma medida o roteiro e pode mudar o desfecho.

A revolução que a ubiquidade da tecnologia nos traz vem provocando alterações na dimensão individual, de caráter pessoal e emocional, capazes de gerar impactos no processo produtivo e, portanto, na economia, e que também reverberam na política. Ou seja, é uma revolução em três dimensões: pessoal, produtiva e política. É a primeira "Revolução 3D" da história.

Nesse sentido, a empresa precisa construir uma cultura sólida, com profissionais engajados. Dois alicerces fundamentais desse processo são a disciplina e a resiliência. A resiliência, ao fomentar o desenvolvimento de habilidades, estimula o aprendizado, fortalece a disciplina e nutre a motivação.

Já a motivação no trabalho age como a força propulsora da dedicação, da determinação e da resiliência. Isso se reflete também na vida pessoal e, como indicam as preocupações do Goldman Sachs em relação ao "The Great Resignation", interfere na economia e no desenvolvimento.

> **Os covardes nunca começam, os fracos nunca terminam e os corajosos nunca desistem.**

CAPÍTULO 6

Criatividade

*Não é possível depender dos olhos quando
a imaginação está fora de foco.*
Mark Twain

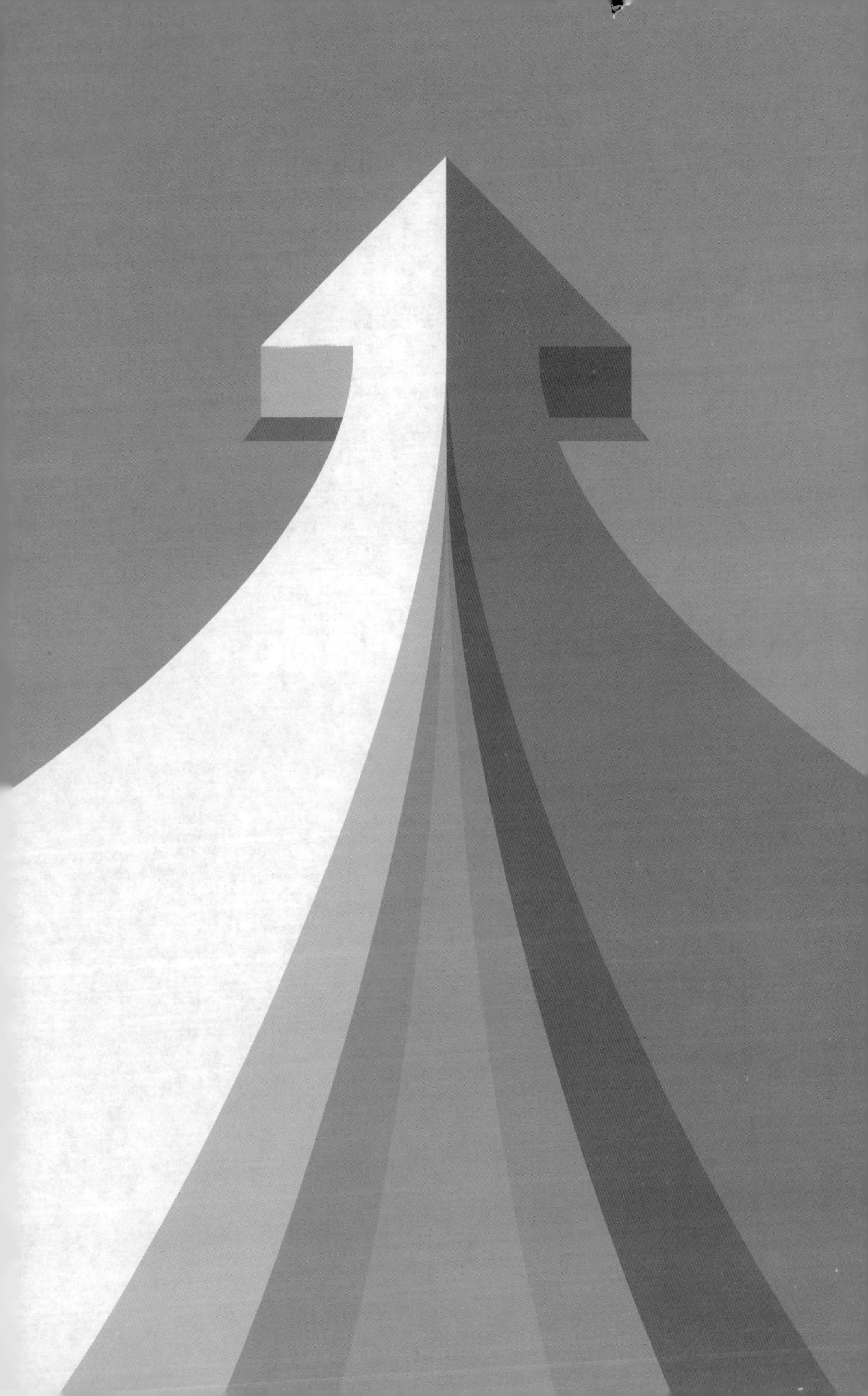

O contexto histórico-social do início do século XX foi influenciado por eventos complexos e significativos, como o processo de industrialização acelerada, a urbanização massiva — que demandava soluções arquitetônicas — e principalmente o desejo de reformular e reconstruir as cidades após o fim da Primeira Guerra Mundial. A efervescência das indústrias favoreceu que novas possibilidades estruturais e estilísticas fossem exploradas.

O modernismo surgiu nesse cenário de disrupção, influenciado por movimentos artísticos pregressos, como o cubismo, o futurismo e o expressionismo, e, assim como eles, também buscava romper com as tradições artísticas estabelecidas e experimentar novas formas e técnicas. Arquitetos e artistas modernistas buscavam aliar estética e funcionalidade.

A ênfase na função era um dos pilares do modernismo. A arquitetura se pautava na ideia de que edifícios deveriam atender às necessidades práticas dos usuários. Isso levou a projetos mais simplificados e eficientes no uso do espaço. Apesar de valorizar o minimalismo, o movimento modernista abraçou a inovação e se beneficiou das técnicas e materiais de construção disponíveis na época, como o concreto armado, o vidro e as estruturas de aço.

As linhas retas do pintor holandês Piet Mondrian inspiravam os projetos arquitetônicos de expoentes modernistas como o alemão Ludwig Mies van der Rohe, cujo lema era "menos é mais"; e o franco-suíço Le Corbusier, para quem a casa era como "uma máquina para morar". O edifício que abriga a famosa escola de design Bauhaus, em Dassau, Alemanha, projetado pelo arquiteto alemão Walter Gropius, é um exemplo de funcionalidade e minimalismo.

E entre os grandes nomes da arquitetura do século XX, está Oscar Niemeyer. O arquiteto carioca formou-se pela Escola Nacional de Belas Artes no Rio de Janeiro em 1934, quando conheceu Le Corbusier e Lúcio Costa; este último estaria com ele entre os anos de 1950 e 1960 no projeto daquela que viria a ser a capital do Brasil.

Quando olhamos para os Palácios do Planalto e da Alvorada, o Congresso Nacional, a Catedral Metropolitana, dentre outros prédios públicos de Brasília projetados por Niemeyer, o que menos vemos são linhas retas e enxutas. Como ele dizia:

> **Se a reta é o caminho mais curto entre dois pontos, a curva é o que faz o concreto buscar o infinito.**

Uma das marcas registradas de Niemeyer é a incorporação de formas orgânicas e curvas suaves em seus projetos. Segundo dizia, essas formas representavam a beleza da natureza do seu próprio país e toda a imensidão do universo. Dizendo assim, pode parecer que ele nem devesse estar entre os outros arquitetos mencionados, mas fato é que, no âmago, os projetos de Niemeyer carregavam a estética e a funcionalidade modernista.

As construções eram amplas e integradas com o espaço que ocupavam, e faziam uso otimizado dos materiais. Niemeyer viu no concreto armado um meio ideal para dar forma às suas criações, já que as estruturas de suas obras muitas vezes apresentam arcos, cúpulas e formas que desafiam a gravidade.

O que diferencia o arquiteto brasileiro dos demais é a imensa criatividade dele. Além dos projetos arquitetônicos, Niemeyer também era conhecido por trabalhar em colaborações criativas com outros artistas, como o paisagista Burle Marx e o pintor Portinari. Essas parcerias resultaram em projetos que integraram a arquitetura com elementos artísticos, como murais e paisagismo, enriquecendo ainda mais a experiência visual e criativa de suas obras.

A maneira de incorporar curvas e formas tão únicas que viriam a ser parte de sua identidade, mesmo quando o Modernismo apontava para uma direção um pouco diferente, é uma manifestação de criatividade, mas também de inovação. E ela poderá ser apreciada pela humanidade por séculos, por meio de suas obras.

O Museu Oscar Niemeyer (MON), em Curitiba, recebe quase meio milhão de visitantes anualmente, além das milhares de pessoas que visitam somente a área externa do lindo museu. Tendo em vista esse público e a alta demanda quando recebeu a exposição "OSGEMEOS: Segredos", em 2021, os artistas Os Gêmeos fizeram uma intervenção artística em uma das paredes externas do prédio, ao lado da icônica cúpula em formato de olho. A pintura, feita a convite da diretora do espaço, seria mantida até o final da mostra, no início de 2022.

No entanto, à época, algumas pessoas alardearam sobre como seria uma afronta fazer uma intervenção artística na parede do museu, ainda que a diretora do espaço garantisse que a integridade do prédio não estava em risco. As críticas, obviamente, se reverteram em um público ainda maior para o museu, curioso para ver a obra de perto no MON.

Ainda que a obtusidade tente se opor, criatividade tem tudo a ver com curiosidade; juntas, elas levam à inovação. E atualmente, ambas as habilidades são pressupostos básicos para qualquer profissão.

A meu ver, felizmente, também são as habilidades mais prazerosas, pois são características inatas aos seres humanos e que nos remetem à fase mais nostálgica das nossas vidas: a infância.

Em meu livro *Abaixo os gurus, salve os guris*, eu me aprofundo na ideia de quão importante é nos darmos conta de que precisamos aprender com as crianças, com os "guris". As crianças nascem com o software da imaginação programado e com a capacidade de atualizá-lo constantemente. A falta de uso, porém, o torna obsoleto.

O ato de brincar em grupo ou individualmente, em que as crianças criam histórias e personagens, promove o desenvolvimento de habilidades sociais, possibilitando a representação de diversas perspectivas. Ao mesmo tempo, a brincadeira contribui para o desenvolvimento de habilidades de autorregulação emocional, comportamento civilizado e empatia.

As crianças têm uma capacidade única de intuir que, se elas pensam em algo, esse algo existe. Quando criança, eu pensava que a tampa do creme dental era um transmissor com o qual eu poderia falar com viajantes do espaço. Minha mãe, por sua vez, não me trazia de volta à Terra nem limitava meus pensamentos dizendo que aquilo era só uma tampinha. Pelo contrário, ela incentivava a minha viagem criativa entre as galáxias.

Ainda que o objeto continuasse sendo uma tampinha de plástico para o creme dental, para mim ele de fato era um transmissor intergaláctico. Entendendo que aquilo que eu criava se tornava realidade para mim, eu expandia meu próprio universo. Esse é o prazer de usar a imaginação.

Os gurus conselheiros que nos ensinam a imaginar

Em meu livro *Abaixo os gurus, salve os guris*, conto a história de uma experiência bastante bem-sucedida que tive em uma agência de publicidade ao nos permitirmos dar vazão à capacidade criativa e inovadora das crianças.

A Grey Advertising tinha uma ótima equipe no departamento de criação, o que nos permitia avançar um pouco mais os limites criativos e testar coisas novas. Como presidente da agência, decidi testar como seria aplicar a capacidade criativa das crianças à publicidade. Pedi aos funcionários que convidassem crianças conhecidas que irradiassem entusiasmo, imaginação e curiosidade.

O resultado foi a formação de um *junior board* com 15 crianças entre oito e 14 anos. O briefing para a criação de uma campanha publicitária para a construtora Gafisa foi compartilhado com a equipe de criação e com as crianças que, ali, eram conselheiras. Eles se reuniram, estabeleceram agendas e colaboraram coletivamente no processo criativo.

À pergunta-chave "Que características um prédio deve ter?", as respostas dos adultos geralmente incluíam "varandas espaçosas" ou "cozinhas bem equipadas", considerando custo e funcionalidade. Já as crianças trouxeram perspectivas inusitadas, questionando: "Por que não criar um prédio em forma de castelo, com torres e pontes?" ou "E se o prédio tivesse uma piscina gigante, com computadores dentro dela?". E que tal escorregadores ao lado dos lances de escada motivando as crianças a convidarem seus pais para evitar o elevador? E, ainda, paredes do apartamento feitas com tintas especiais e laváveis no living e dormitórios para que os guris pudessem desenhar e rabiscar à vontade, bastando depois passar só um pano. Até as sugestões mais impraticáveis carregavam em si uma visão abrangente de como um condomínio atraente poderia ser.

Um *insight* interessante surgiu quando debatíamos sobre a área de lazer. Uma das crianças simplesmente disse que não se importava, porque não costumava frequentar o playground. Questionada sobre o desinteresse, a resposta foi: "Não tem Wi-Fi." Embora um adulto possa achar essa demanda supérflua, as crianças demonstraram como o Wi-Fi era uma adição valiosa, permitindo-lhes compartilhar fotos de suas brincadeiras com amigos e família ou até pesquisar informações sobre as espécies de pássaros que visitam o parque.

As perspectivas criativas das crianças inspiraram ideias inovadoras que, embora precisassem ser ajustadas para se tornarem viáveis, destacaram a importância de não restringirmos a imaginação pautados nas possibilidades de execução.

Explorar a criatividade de forma consciente aprimora a organização de nossos pensamentos. Quando as crianças participam de dramatizações que lhes permitem desenvolver maior empatia e compreender pontos de vista diferentes, são tomadas por um senso de pertencimento que, por sua vez, as ajuda a discernir quais de suas ideias podem ser consideradas originais e úteis para outros propósitos.

O que os gurus fazem é tentar instrumentalizar algumas habilidades visando uma produtividade que é insustentável no longo prazo e sobrepujando ainda mais a nossa capacidade de imaginar, de criar, de sonhar e de questionar.

> **Duvidar é o que faz as pessoas e o mundo evoluírem. Foi duvidando que a ciência nos trouxe até aqui.**

Assim como uma mentalidade obtusa barra a inovação, a educação formal é capaz de minar a criatividade e a imaginação. Se a criança não tiver em casa um espaço geográfico e simbólico que lhe permita imaginar e criar, é possível que sua imaginação arrefeça precocemente, embora o oposto também seja possível: ela vir a usar ainda mais a imaginação justamente como um meio de fuga desse ambiente opressor.

A verdade é que a maior ducha de água fria dada na criatividade é a educação formal institucionalizada. A escola nos moldes atuais é um produto da Revolução Industrial, caracterizada por regras oriundas de uma tradição disciplinadora, punitiva e militar. O objetivo era criar funcionários disciplinados e assegurar o rigor da produção industrial.

O problema é que, com a automação, em termos gerais, a linha de produção cuida de si mesma. Segundo o Fórum Econômico Mundial, hoje, habilidades como criatividade, resiliência e persuasão são muito mais importantes do que habilidades operacionais para o futuro do trabalho — e falo de todas elas neste livro.

Em contraste, crescemos ouvindo que não cabe a nós tergiversar nem ter respostas criativas que contestem o gabarito. Assim, o software da criatividade, que até então ficava na primeira página dos nossos gadgets, vai deixando de ser usado. Pouco a pouco, ele sai da página um, vai para dois, até que finalmente é desinstalado do hardware orgânico que é o nosso cérebro.

Outra razão importante para a decadência imaginativa é o fato de que cada vez menos acessamos nosso conhecimento embarcado — nem sequer nos esforçamos para produzir conhecimento.

> A cultura judaica entende que o único bem realmente seu e que ninguém usurpa é o conhecimento. Se um dia, por razões eletromagnéticas ou alienígenas, fôssemos privados dos meios digitais e eletrônicos, os únicos com capacidade de sobrevivência seriam aqueles com conhecimento embarcado.

No Capítulo 1, falo da importância das referências para que possamos transformar informações em conhecimento. A partir disso, formamos um repertório que alimenta o processo de formação de *insights*. Na medida em que acionamos mais o Google do que o nosso próprio repertório de conhecimento embarcado, a geração de sinapses fica comprometida. A consequência da facilidade de acesso à (qualquer tipo de) informação é uma certa debilidade cognitiva: de criatividade, de curiosidade e capacidade de inovação.

Lembro que, décadas atrás, sempre que pegava uma enciclopédia na mão, eu lia o máximo possível, porque não sabia quando teria a oportunidade novamente. Hoje eu sei que tenho toda a informação do mundo disponível na palma da mão, a um toque em meu celular.

Ceder ao conforto dessa facilidade é perder habilidades importantes para a era pós-digital. O impossível vai deixando de existir e um mar de possibilidades cada vez mais profundo vai se abrindo; a criatividade será imprescindível para usufruirmos deste novo mundo e sermos cocriadores dele.

Nossa criatividade também vem sendo cerceada pela impossibilidade de ficarmos alheios aos impulsos, avisos e alertas que sequestram nosso cérebro neste mundo digital. O constante chamado aos alertas dos dispositivos nos torna ansiosos para atendê-los. A neurociência mostra que, a cada interrupção, demoramos cerca de 23 minutos para retomar a atenção e voltarmos a executar plenamente a atividade interrompida. Por isso, hoje, o principal ativo de alguém é a atenção.

> **Para ser criativo, é fundamental dar tempo ao cérebro. A pressa é inimiga do devagar e do divagar.**

A economia da atenção

O universo digital gera um déficit de atenção aliado à inviabilidade de introspecção. Como o cérebro é capturado constantemente, torna-se impossível divagar e acessar novas formas de criação. O espaço sideral se torna inacessível quando ficamos ancorados às vibrações e notificações.

Não existe consenso quanto à duração exata da atenção das pessoas atualmente, mas estima-se que o tempo pode variar entre vinte e cinquenta minutos. Após esse período, a atenção tende a diminuir, a menos que haja um alto nível de envolvimento ou interesse na tarefa em questão.

Em um cenário de abundância de informações e distrações constantes, a atenção humana tem estado cada vez mais escassa, e o tempo das pessoas permanece o mesmo. Diante de dois recursos valiosos e limitados, empresas e criadores de conteúdo competem para capturar e manter a atenção das pessoas.

Isso levou ao desenvolvimento de estratégias de comunicação e design informacional que visam prender a atenção do público o máximo possível. Em contraste, o bombardeio de informações e distrações levam à fadiga de atenção. Este é um ciclo destrutivo, já que a dificuldade em se concentrar em tarefas importantes torna as pessoas suscetíveis à procrastinação, prejudicando o foco (falarei dele no Capítulo 9), e minando a curiosidade e a criatividade.

> A atenção é um processo complexo e multidimensional. A capacidade de tomar as rédeas sobre o próprio cérebro e gerenciá-lo de forma eficaz é crucial para o desenvolvimento das dez habilidades das quais falo neste livro, mas também para a manutenção de uma boa saúde mental.
> Existem quatro tipos de atenção:
>
> **> Atenção sustentada**
> É a capacidade de manter o foco em uma única tarefa ou atividade por um período prolongado sem se distrair. Trata-se de um tipo superior de atenção e o que mais fomenta a capacidade criativa.
> Um escritor que se dedica ao ofício durante horas ininterruptas depende da atenção sustentada para atingir seu objetivo.
>
> **> Atenção seletiva**
> Envolve a escolha de se concentrar em uma atividade ou prática específica, enquanto ignora outros estímulos concorrentes. Ao escolher um foco, a atenção é dedicada a ele, o que exige uma boa capacidade de abstração, mesmo que essa escolha não seja consciente.
> Alguém que decide ler um livro na praia lotada, repleta de pessoas falando, caixas de som tocando música, vendedores ambulantes, tudo isso somado ao bater das ondas, está exercendo esse tipo de atenção.

> **Atenção dividida**

É acionada quando é necessário executar duas ou mais tarefas simultaneamente, as quais dependem uma da outra. Não confunda este tipo de atenção com a ideia de *multitasking*, ou seja, de executar ao mesmo tempo várias tarefas diferentes entre si. Não se trata de assoviar e chupar manga, fazer a barba em frente ao computador ou passar batom enquanto dirige.

Um operador de central de atendimento que atende o cliente ao telefone, anota a solicitação e verifica informações no computador para respondê-lo está aplicando a atenção dividida.

> **Atenção alternada**

Envolve alternar entre diferentes tarefas, dando atenção a cada uma delas em momentos diferentes, em um curto espaço de tempo. O desafio neste caso é manter o foco somente nas duas atividades a serem executadas e não deixar que uma sobrepuje a outra. Neste caso, assim como na atenção dividida, as duas tarefas precisam ser correlatas, para que a pessoa não disperse.

Um acadêmico precisa se debruçar sobre os dados obtidos em sua pesquisa e à bibliografia para, em seguida, escrever um relatório. Durante a escrita, precisa revisitar os dados para iniciar uma nova seção do relatório e descrever as conclusões. Neste caso, ele irá se valer da atenção alternada, entre os dados e a escrita, para executar o trabalho.

Para lidar com os desafios de uma era na qual a atenção é um recurso em escassez, muitas pessoas buscam adotar estratégias de gerenciamento do tempo. Reduzir o uso de telas e praticar a atenção plena (*mindfulness*) estimulam o foco, minimizando distrações. Eu mesmo tenho minhas próprias dicas para lidar com este desafio.

Primeiramente, é preciso ler muito. Imaginação e criatividade podem ser treinadas por meio da leitura, porque este é um processo de coautoria. Diferente de um filme, o livro me obriga a construir imageticamente a narrativa. Leitor e autor, juntos, constroem um novo universo, que se modifica e atualiza a cada leitura, a depender do repertório atual do leitor.

A segunda coisa é fazer da imaginação e da criatividade um exercício cotidiano. Quando estou no aeroporto, gosto de olhar para as pessoas ao meu redor e imaginar como é a vida delas. Com base no que veste, no tipo de mala que carrega, crio personalidades e narrativas para cada indivíduo: *Esse cara é casado, tem dois filhos e um Yorkshire. Está indo a Tóquio a trabalho pela primeira vez.*

Eu fico imaginando para onde cada um está indo: *Será que essa pessoa já esteve aqui ou é a primeira vez dela na cidade?*

Esse exercício exige certo grau de divagação, e é fundamental para a criatividade. Quando vejo uma planta em determinado ambiente, tendo a identificar de que tipo ela é, se gosta de luz ou não, a depender da posição e da aparência dela na sala.

Uma noite, enquanto jantava com as minhas netas, nós divagávamos sobre o fato de que "móveis" não deveriam se chamar assim, porque eles, em si, são imóveis, a não ser que a gente os mova do lugar.

A sequência disso foi uma conversa sobre a história de uma mesa de centro que estava na casa da minha avó, mas acabou indo parar na casa de um tio meu. Um dia, a tal mesa apareceu na casa do meu pai. Três anos depois, foi levada a um depósito, mas alguém a resgatou e levou para um apartamento em Perdizes. Depois, com o passar do tempo, os novos donos da mesa se mudaram para o Jardim Paulista. No fim das contas, a mesa tinha uma vida mais cheia de aventuras do que muita gente! Mas ninguém nunca perguntou a ela se ela gostaria de morar com meu avô, com meu tio, em Perdizes ou no Jardim Paulista. Ela estaria imóvel, se ninguém a carregasse de um lado a outro.

Tudo isso pode parecer loucura. Ninguém se importa com uma mesa de centro velha. O que verdadeiramente importa, além do momento precioso que tive com minhas netas, é como um assunto absolutamente aleatório gera conexões, cria hiperlinks e abre a nossa mente se nos permitirmos ser criativos.

Por isso procuro manter a criatividade acesa no cotidiano. Estes são alguns exercícios simples, que podemos fazer o tempo inteiro, a vida toda. Para isso, substitua a ideia de "tempo perdido" pela de "tempo imaginado".

A publicidade usa esse recurso o tempo todo. Transforma *storytelling* em *storyselling*. Contar histórias e gerar conexão é justamente a missão de quem busca conquistar a atenção das pessoas, nessa disputa que, hoje, é bastante acirrada.

Quanto *vale* uma ideia

Há uma ligação direta entre o conceito de ideia e o de invenção. Infelizmente, porém, muitas vezes acaba-se interpretando uma como se fosse a outra, ou mesmo como sinônimo. Daí a figura da lâmpada — uma das invenções mais importantes da humanidade — ser tão usada para significar o surgimento de uma ideia.

Na verdade, ideia é um conceito mais abrangente, que envolve criatividade, ousadia e quebra de paradigmas. Já inovação é um termo muito usado entre nós, empresários e executivos, e extremamente valorizado em todos os textos e rodas de conversa. Inovação é o "nome do jogo" para homens de negócio. Mas nela também somos vítimas do critério. Entendemos inovação no seu senso restrito: na aplicação de tecnologia, num produto revolucionário, sofisticado, complexo.

Inovação, no entanto, é simplicidade. Inovação é o óbvio revisitado. Inovar é fazer de um jeito diferente aquilo que os outros fazem igual. É proteger marcas e produtos, e não apenas proteger a si mesmo. Aliás, o jeito mais fácil de se proteger é não inovar — e, portanto, não correr riscos. Inovação, numa organização, é o que faz a diferença entre grandes executivos e pobres executados. É o que separa os homens dos ratos. É o que transforma a evolução das espécies numa revolução das espécies.

Pessoas, marcas e produtos fazem diferença por meio da inovação. E ela pode estar em tudo e em todo lugar: na forma de distribuir produtos, na aplicação de sistemas de produção, no formato de remunerar os colaboradores, de manter um relacionamento com os clientes e até de atender ao telefone.

Mas, antes de tudo, a inovação tem que estar dentro de cada um de nós. Afinal, ela é um estado de espírito, uma filosofia de trabalho, um modo de vida, de um modelo de gestão e de relacionamento adaptado aos novos tempos. Só inova quem tem coragem de ousar, ir além, não aceitar a crise, questionar briefings e hierarquias, eliminar a subserviência e o comodismo.

É importante frisar que ideia não é inovação; uma é conteúdo e a outra é continente.

Ideia é a alma da inovação, e perguntar quanto ela vale é como questionar o valor de um filho ou de um livro que você escreveu. O conceito de valor, inclusive, sofre o mesmo problema dos conceitos de ideia e de inovação. Nesse caso, novamente somos vítimas do critério. O real valor se encontra somente nas coisas que não têm preço, que não se podem nem se devem quantificar.

O real valor da inovação é algo que se sente na alma da empresa e dos colaboradores, e não apenas no bolso de cada um. Inovação combina perfeitamente com períodos de acelerado crescimento e fases de profunda crise. É a única arma capaz de aproveitar a primeira e sobreviver à última.

Há muitos anos, eu trabalhava como responsável pela América Latina na Young & Rubicam. Recebia relatórios trimestrais repletos de informações que reportavam as razões do não cumprimento do budget em diversos países ao redor do continente.

As desculpas envolviam desde inflação alta e queda nas bolsas até crise política, mudança de governo, retração econômica, taxa de desemprego, diferenças cambiais... Tudo era informado com precisão explicando por que não estavam conseguindo cumprir os números prometidos no exercício. Eram relatórios extensos, bem elaborados, verdadeiros manuais de como comprovar a inviabilidade de alterar esse cenário.

Enquanto isso, da República Dominicana, vinha apenas um curto relatório que dizia:

Orçado 2; realizado 3. Resultado 50% acima do previsto.

E isso se repetia trimestre após trimestre. Parecia impossível que alguém pudesse sequer trabalhar naquelas condições, tendo em vista a situação do país naquela época.

Primeiro, porque a República Dominicana não tinha energia elétrica. Suas termoelétricas estavam paradas por falta de combustível devido à inadimplência do Estado. Em vez de anunciar "apagão", havia o "acendão": a população era informada quando a luz viria, e não quando ela iria embora. É bem verdade que o presidente não enxergava (literalmente), talvez por isso não considerasse a luz uma prioridade.

Sendo uma ilha sem rios, também não havia como bombear água, que era racionada, com multas pesadas para quem fizesse uso exagerado. A inflação era grande; a corrupção, do tamanho dos seus problemas. E não podemos esquecer que a República Dominicana faz divisa com o Haiti, que lidava com conflitos internos bastante intensos.

Era nesse cenário que a sra. Damaris, gerente-geral da agência, produzia um lucro anual superior a quase todos os outros países da América Latina.

O que ela fazia?

> Gravava discos musicais que eram distribuídos para a população. Antes de cada faixa, havia uma propaganda.
> Contratava Kombis com megafones para circular pelos bairros tocando jingles e spots.
> Alugava novelas da Televisa e as exibia em telões movidos a gerador nas praças. Nos intervalos, eram exibidos os comerciais.

O sucesso dessas estratégias se devem a alguns fatores. Primeiro, ela estava mais preocupada em resolver do que em reportar. Seu report era curto, porque fatos prescindem de argumentos.

Segundo, sua preocupação era com o trabalho, diferente dos outros, mais concentrados na prática de *protecting asses than assets* — proteger a si mesmo, e não o resultado. E é impressionante o número de executivos que se dedicam até hoje a esse esporte frugal.

E, por último, por entender a real importância da inovação, da criatividade, da adaptabilidade, da necessidade de quebrar paradigmas, de gerar ideias compatíveis com a realidade e com o seu tempo.

Inovar é arriscar, ousar, enfrentar adversidades com o espírito aventureiro dos grandes navegadores, ser um astronauta em terra com a imaginação voando até onde o universo alcança.

Afinal, é preciso ação, paixão e envolvimento com as ideias que nos levam para a frente, que movem o mundo e definem o sucesso ou o fracasso das organizações. Mais do que perguntar: "Como?", "Quando?" ou "Quanto?", devemos nos perguntar também: "Por que não?"

A agência tornou-se uma instituição que fazia parte da cultura da República Dominicana. Quem tivesse a curiosidade de visitá-la e decifrar o que movia o seu negócio era capaz de entender o real sentido das palavras *criatividade, entusiasmo, adaptabilidade e resiliência*. O resultado disso: *inovação*.

E o tal do brainstorming?

A neurociência define a criatividade como uma forma de processar e acessar informações. Ela pode ser:

› **Emocional, ou espontânea:** experiência espontânea de *insight*, capaz de solucionar um problema. Mais instintiva, costuma ser impulsionada por uma necessidade premente — *fight or flight* (lutar ou fugir).

› **Cognitiva ou deliberada:** depois de muita persistência e trabalho árduo, chega-se a uma resposta ou solução. Esta, mais associada às conexões feitas com base no repertório, construído mediante conhecimento embarcado, como descrevi anteriormente.

Por isso, a ideia de "fazer um brainstorming" não funciona. Ideias são como gatos: só *vêm* quando querem, e não quando são chamadas. Sentar-se ao redor de uma mesa e dizer: "Vamos ter uma ideia", esperando que ela chegue quarenta minutos depois como se fosse uma pizza, é tolice.

Primeiro porque o brainstorming, em vez de uma criação coletiva, é uma disputa de atenção. O ideal seria que, enquanto um dos participantes da mesa fala, todos ouvissem com atenção sustentada, para que o discurso da vez pudesse gerar *insights* nos demais. Mas não é o que acontece.

Enquanto uma das pessoas está apresentando sua ideia, as outras acionam a atenção seletiva. Neste caso, a voz de quem fala é mentalmente calada para que cada um possa seguir pensando, cavando a mente em busca de uma ideia a fim de contribuir para o brainstorming. Ou para dar a melhor ideia.

É preciso mudar o sistema. A melhor forma de elaborar soluções coletivas é apresentar o problema ao grupo, mas permitir que cada um possa refletir sobre ele, individualmente. Só então, no dia e horário marcados, o time se reúne e apresenta as ideias já formuladas, enquanto todos se propõem a ouvir com atenção sustentada.

Essa é a importância da criatividade. Não só para as artes ou para a publicidade, mas para todas as demais áreas. É necessário ser criativo para fazer um bom planejamento. É necessário ser criativo para encontrar o jeito certo de montar uma engrenagem.

A capacidade criativa de inovar, ao fazer de uma maneira nova algo que já foi feito anteriormente, é usada também na ciência. Primeiro, cria-se algo na cabeça, depois é feito o protótipo, seja de uma máquina ou de qualquer outro produto. A criação é muito menos lúdica e muito mais prática do que imaginamos. Em suma, a criatividade é intrínseca à tomada de decisões e à capacidade de resolver problemas de maneira eficiente.

Como empreendedor, se decidir abrir um restaurante, certamente vou estudar como funciona a operação desse tipo de negócio. Porém certamente aprenderei muito mais se olhar além. Se buscar referências. Se for atrás de histórias. *Como funciona a operação de uma farmácia que também vende biscoitos e salgadinhos? Quais são os produtos mais vendidos? E os principais consumidores desses produtos?*

Hoje, quando ouço um bater de cascos, logo vou achar que se trata de um cavalo. Uma criança pequena pode achar que é um unicórnio. Nossa tendência ao ouvir aquele som é decodificá-lo dentro de uma realidade possível, e não em um universo expandido.

Acontece que o mundo atual tem trazido a existência do impossível cada vez para mais perto de nós. E o mundo digital está cheio de unicórnios. No metaverso, por exemplo, estamos criando um mundo novo, possível e ilimitado, materializando virtualmente a criatividade.

> **A necessidade é a mãe da criatividade e da ousadia.**

CAPÍTULO 7

Persuasão

*O triunfo da persuasão sobre a força
é o sinal de uma sociedade civilizada.*
Mark Skousen

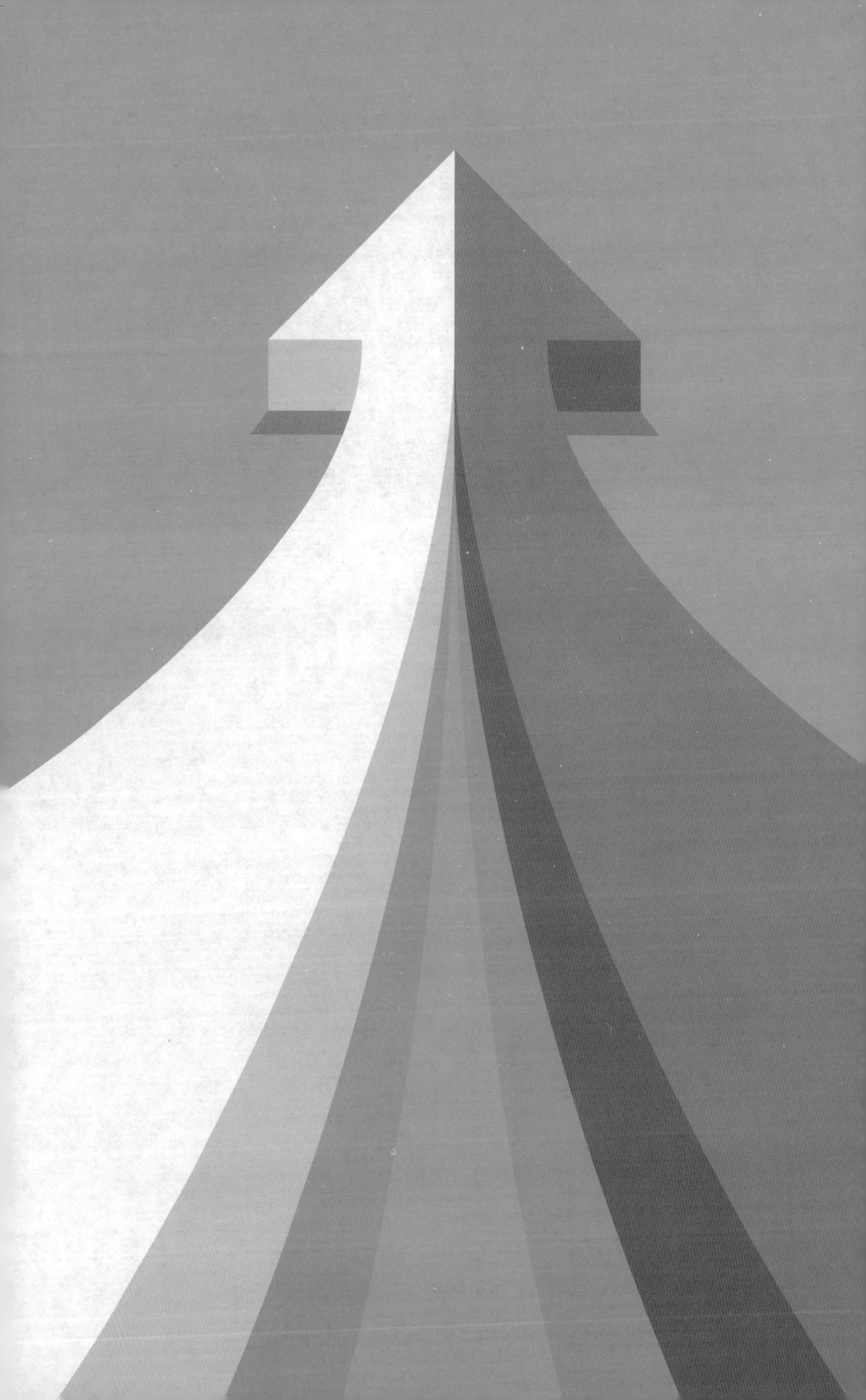

Em 1975, a última colônia portuguesa, e a única colônia de Portugal na Ásia, se *tornaria* independente. O verbo é conjugado dessa maneira porque a história do Timor-Leste rumou para justamente o caminho contrário: pouco tempo depois da independência, sua vizinha Indonésia invadiu o território timorense com a intenção de anexá-lo e reivindicou sua soberania. O país mergulhou em um longo e conturbado período de ocupação indonésia, liderada pelo ditador Hadji Mohamed Suharto.

Durante a ocupação, os timorenses enfrentaram violência, repressão e a destruição de suas comunidades. Grupos de resistência, como a Frente Revolucionária do Timor-Leste Independente (Fretilin), lutavam contra as forças indonésias, enfrentando dificuldades significativas. O conflito durou 24 anos e, em parte, arrefeceu graças à capacidade persuasiva de um brasileiro.

Em 1999, sob a supervisão da Organização das Nações Unidas (ONU), a Indonésia concordou em realizar um referendo de independência em Timor-Leste. A votação foi massiva, com uma vitória esmagadora pela independência, com mais de 78% dos votos favoráveis.

Naquele ano, o diplomata Sérgio Vieira de Mello ocupava o cargo de Alto Comissário das Nações Unidas. Ele foi enviado para implementar a Missão das Nações Unidas em Timor-Leste (Unamet), com o objetivo de persuadir as autoridades indonésias a aceitarem os resultados do referendo e permitirem uma transição pacífica para a independência do país.

Vieira de Mello se envolveu em intensas negociações com líderes indonésios e fez uso de sua vasta experiência diplomática para convencê-los da importância do acordo de paz, a fim de evitar conflitos generalizados entre a Indonésia e os países do Ocidente. Afinal, em paralelo a isso, ele desempenhou um papel fundamental na mobilização da comunidade internacional para apoiar a independência de Timor-Leste.

Graças aos esforços da Missão e à sua brilhante capacidade persuasiva, Sérgio Vieira de Mello pôde ver o resultado de seus esforços ainda em vida. Em 20 de maio de 2002, foi oficialmente proclamada a independência de Timor-Leste. No ano seguinte, em 2003, o diplomata brasileiro perdeu a vida em um atentado terrorista em Bagdá, no Iraque, enquanto desempenhava suas funções como representante oficial do secretário-geral das Nações Unidas.

Antes de desempenhar um papel fundamental na transição bem-sucedida do Timor-Leste para a independência, Vieira de Mello havia atuado em missões para ajudar a gerir crises humanitárias em Bangladesh, Sudão, Chipre, Moçambique e Camboja.

Persuasão é a capacidade de conduzir uma pessoa a acreditar em algo. A porta da mudança que cada um de nós possui dentro de si só pode ser aberta pelo lado de dentro. Por isso, é importante entender que as pessoas não mudam, mas podem encontrar um outro endereço que já existe dentro delas. Ser persuasivo, portanto, envolve lhes dar caminhos que levem à mudança.

Muito usadas em marketing, publicidade e vendas, as técnicas de persuasão são relevantes em todas as interações humanas. Na diplomacia — e nos negócios —, a persuasão é um instrumento poderoso de resolução de conflitos e promoção da paz. Em suma, a vida fica melhor se nós somos mais persuasivos.

Na história da humanidade, a persuasão é, no fundo, um marco civilizatório. Antes de desenvolvermos técnicas de comunicação persuasiva, os conflitos e disputas de território como o do Timor-Leste eram solucionados à base da força. Possivelmente aquele território e seu povo estariam sob o jugo da Indonésia até hoje.

Espectros humanos

Interagimos com pessoas muito diferentes ao longo da vida, e cada uma delas reage de maneira distinta a cada estímulo. Se prestarmos atenção a detalhes que em geral nos passariam despercebidos, é possível vislumbrar o que para elas é relevante, aquilo que as move, aquilo que põe em movimento seu ciclo motivacional. Observá-las, portanto, nos dá pistas de como será o comportamento de cada qual diante de um ou outro estímulo.

Pode-se fazer um teste pensando naqueles com quem convivemos de maneira mais ou menos próxima. Há aqueles que parecem movidos por suas vísceras, que gostam do conforto e demais prazeres da vida. São também sentimentais e bastante sociáveis. Por outro lado, descobrimos as pessoas que mais dão atenção às coisas que mexem com seu cérebro; mais racionais, preferem conversar sob uma perspectiva cartesiana — tendendo a adotar uma abordagem analítica e rigorosa para discutir ou solucionar problemas. São mais retraídas e sensíveis. E o que dizer de quem é fisicamente mais ativo, enérgico, focado em desempenho, assaz preocupado com a saúde?

Naturalmente, essas inclinações hão de orientar ações e reações. Portanto, avaliar as tendências do comportamento humano para compreender quem é seu interlocutor favorece a elaboração de estratégias de persuasão. Atualmente, por exemplo, munido de minha vasta experiência na área de vendas e tendo em vista essas tendências, sinto que sou capaz de avaliar o perfil do diretor de uma empresa com base... na decoração de seu escritório!

Mais recentemente, as redes sociais se somaram a esse conjunto. Dando uma rápida olhada no Instagram, Facebook ou LinkedIn, é possível identificar se a pessoa de meu interesse se relaciona com esportes, moda, ciência ou economia, o que colabora a depreender traços de sua personalidade.

O *ciclo motivacional* que deriva do processo persuasivo deve seguir um mesmo padrão: primeiro, você analisa a pessoa e define se ela é mais volitiva e, portanto, informal e descontraída; se é mais intelectiva e racional na hora de fazer negócios; ou se é uma pessoa mais fisicamente ativa.

A regra para a elaboração do argumento persuasivo é engatilhar o ciclo motivacional. Independentemente da tendência da personalidade, todos precisamos do mesmo gatilho para sermos persuadidos: primeiro, a pessoa precisa me dizer o que eu *quero* ouvir, e só então poderá me falar do que eu sei que *preciso* ouvir. O que vai mudar com base na personalidade é o argumento final.

Tomemos como exemplo a minha experiência como vendedor de títulos associativos da ADVB, que relato no Capítulo 5. Eu poderia entrar no escritório de um potencial cliente e dizer:

— Boa tarde. Estou aqui em nome da ADVB para oferecer a oportunidade de se associar à entidade. Isso vai ajudar a ampliar seu networking e o convívio com pessoas experientes em vendas. Além disso, a ADVB promove muitos eventos interessantes, onde poderá conhecer novas pessoas e confraternizar.

Essa abordagem é persuasiva? Depende.

Se eu entrasse no escritório e me deparasse com uma senhora calada atendendo em uma recepção decorada de maneira minimalista e o meu interlocutor fosse um homem de 1,90 m de altura, sério e distinto, minha abordagem teria sido um fracasso. No entanto, no escritório moderno de um *prospect* mais volitivo, provavelmente ele seria persuadido e eu faria a venda.

Agora, avalie esta abordagem:

— Boa tarde! Estou aqui para vender um título de sócio da ADVB. Como diretor de uma grande empresa de consórcios, o senhor deveria comprá-los para seus funcionários, pois é uma excelente oportunidade. Além de melhorar a performance de vendas, você aumentará o networking da sua empresa.

A segunda estratégia funcionaria com quem? Com ninguém. Lembre-se: o primeiro argumento nunca deve se basear em dizer que a pessoa *precisa* de algo ou *deve* fazer algo.

> É fundamental não criar falsas expectativas com base no que acha que seu cliente está procurando. Se chega tentando convencê-lo de que você é algo além do que ele percebe que é, você esbarrará no descrédito, e é quase impossível voltar atrás. Nada mata mais rápido a história de uma marca do que a contradição.
>
> **Lee Hartley Carter**

Por isso é necessário ter em mente que o exercício da persuasão ocorre de maneira individualizada ou segmentada, e descobrir o ciclo motivacional de cada um é fundamental para a persuasão. Pessoas diferentes desejam coisas diferentes. Posso ser o orador mais eloquente do mundo, ter o melhor produto do mercado para oferecer, mas se eu não souber acionar o gatilho do ciclo motivacional do meu *prospect*, ele vai encontrar razões dentro de si para recusar a proposta.

Isso serve para fechar negócios, mas também serve para convencer o seu filho adolescente a ir ao teatro com você. Serve para convencer seu, ou sua, cônjuge a aceitar o destino de férias que você deseja. Isso serve para qualquer um. Conhecendo a pessoa, o ciclo motivacional é imutável. Em qualquer processo argumentativo, primeiro dê à pessoa o que ela gosta ou quer, e só depois argumente sobre o que ela precisa ou sabe que é relevante.

Ciclo Motivacional

O que a pessoa gosta ou quer

O que ela sabe que precisa

O poder de vender, tanto produtos quanto ideias, está diretamente ligado à nossa competência persuasiva. Esta, por sua vez, depende da capacidade de entendermos o interlocutor, preparando a argumentação em função daquela pessoa.

O espelho invertido de Narciso

Durante um século, a publicidade vem nos convencendo a adquirir produtos ou serviços que *transformam a nossa vida para melhor*. Ao comprar um aspirador de pó, as mulheres na década de 1970 não adquiriam um eletrodoméstico, e sim a possibilidade de ter mais tempo disponível para a família e para si mesmas. Ao adquirir um automóvel, as pessoas não aumentavam suas possibilidades de locomoção; elas aumentavam a própria autoestima e, assim, sentiam que eram capazes de melhorar de vida.

No espelho das mercadorias, o indivíduo não vê o seu próprio reflexo. O que ele enxerga é a identidade que deseja assumir ou possuir. Quando alguém diz: "Comprei esse produto porque ele é a minha cara", a frase é falaciosa. O produto é, sim, a projeção da cara que ela *quer* ter, e não um reflexo verdadeiro. É o espelho invertido do Narciso. Se o produto realmente fosse uma mera projeção dela, talvez a pessoa nem se sentisse compelida a comprá-lo.

Ninguém compra aquilo que já tem: compramos o que desejamos ter. Por isso, ao sair da loja, nos sentimos envoltos por uma atmosfera de plenitude. É o que move o ser humano e move a economia. E a persuasão é a lâmpada mágica que atende esse desejo. No processo de venda, precisamos construir no outro a imagem idealizada da identidade pós-compra.

Este era um cunho aspiracional da publicidade. Em tese, as pessoas adquirem produtos e serviços para alcançarem uma melhor versão de si mesmas. E esta é a nobreza persuasiva da propaganda. Hoje, porém, a publicidade tem sido pressionada a migrar da abordagem aspiracional para a identitária.

Antigamente, uma peça publicitária carregava uma visão estética idealizada. Isso se refletia na escolha do *casting*, que selecionava as pessoas mais elegantes, desejadas e invejadas, com o objetivo de fazer com que os espectadores aspirassem àquilo.

De uns tempos para cá, a tendência tem deixado de ser idealizar, mas, sim, refletir a sociedade na propaganda, sob a crença de que se vende mais ao gerar identificação com a maioria. Em vez de exibir a melhor versão que poderíamos atingir, está em voga a ideia de simplesmente mostrar a versão mais verdadeira e cotidiana das pessoas.

Na medida em que o debate quanto à melhor estratégia de abordagem segue vivo para a mídia tradicional, nas redes sociais segue-se praticando cotidianamente uma dissimulação aspiracional, substituindo o papel da propaganda de projetar um eu idealizado.

Enquanto a força identitária é objetiva e ancorada na realidade, a força aspiracional, subjetiva, opera na fantasia idealizada. Para mim, está evidente que a propaganda não deveria perder o sentido aspiracional, como também a nossa oralidade obrigatoriamente teria que projetar, na mente do *prospect*, o seu eu idealizado.

> **Apenas em um mundo altamente narcisista, um dos conselhos mais populares seria "apenas ser você mesmo". Esse provavelmente é um dos conselhos de carreira mais prejudiciais já dados. Nos ambientes de trabalho, as pessoas, e sobretudo os entrevistadores, estão interessadas em ver sua melhor versão.**
>
> **Tomas Chamorro-Premuzic**

Shiv Khera, autor do livro *Você pode vencer*, defende que 90% do processo de uma venda é convicção e os outros 10%, persuasão; afinal, ninguém vende com eficácia algo que ele próprio não compraria. A meu ver, independentemente de esse percentual estar certo ou não, a convicção é tão importante que ela chega a ser parte integrante da persuasão. Se o consumo melhora a vida das pessoas, todo vendedor de sucesso está genuinamente fazendo um bem a elas. Vender, portanto, é um ato nobre, e essa perspectiva lhe permite ser persuasivo com convicção.

O contrário do virtual não é o real, e sim o atual. Uma semente, por exemplo, já tem dentro de si a árvore; ela apenas ainda não se expressou — ou seja, a semente é uma árvore virtual. Em breve, no entanto, ela crescerá e dará frutos, e poderemos aproveitar sua sombra. Um diamante bruto é uma joia virtual. Então, o verdadeiro sentido de persuadir pessoas a comprar é lhes abrir os olhos para visualizar o futuro, deixando evidente como aquela vida se transformará ao transformar o virtual em atual. Assim, o comprador se apropria do poder de ter um diamante brilhando nas mãos.

Nesse sentido, fazer marketing é projetar uma luz oblíqua sobre um objeto, de modo que a sombra projetada desse objeto seja maior do que a realidade atual. Isto é, marketing não é sobre o que eu sou ou o que o meu produto é, e sim sobre o que eu quero ser ou o que eu vou ser. Há um objeto intrínseco de crença no ato de se praticar o marketing.

Seja para uma agência de propaganda, para um diretor de marketing, ou mesmo para especialistas na área de branding, é preciso ficar claro que fazer marketing não significa mentir ou exagerar, e sim sonhar e imaginar. E dividir isso com os vários públicos e stakeholders.

> **A publicidade é a simbiose entre a persuasão e a arte.**
>
> William Bernbach

Theodor Adorno, um dos criadores da Escola de Frankfurt, cunhou o termo "indústria cultural", sob a perspectiva de que a própria cultura teria se tornado uma mercadoria produzida e consumida de maneira massificada. A aquisição de produtos culturais, nesse contexto, está atrelada à idealização do próprio ser e ao desejo de pertencimento.

No dia 20 de julho de 2023, uma dobradinha milionária estreou nos cinemas. *Barbie*, o *live-action* da boneca mais famosa do mundo, conquistou a maior bilheteria da Warner e arrecadou US$ 22,3 milhões em sua estreia nos cinemas americanos. Por sua vez, a biografia do criador da bomba atômica, *Oppenheimer*, faturou US$ 10,5 milhões naquele mesmo dia de estreia.

Ambos os filmes seguiram ocupando as salas de cinema durante semanas, o que permitiu que os espectadores assistissem a ambos os filmes, se assim desejassem. Contudo, o que se via nas redes sociais era uma espécie de Guerra Fria cultural, que marcava uma cisão entre os que defendiam a supremacia do longa de Greta Gerwig e aqueles que consideravam o longo filme de Christopher Nolan uma obra mais relevante, independentemente dos números de público e de bilheteria.

Esse fenômeno, chamado pelo público de "Barbieheimer", marca uma era em que a aquisição de produtos culturais supera o simples desejo de consumi-los. A obsessão pelo consumo, neste caso, está atrelada à intencionalidade de marcar uma posição, de pertencer a um movimento, de fazer parte de algo maior do que o próprio eu. Indo ao encontro de Adorno, talvez seja essa, inclusive, a razão por detrás da obsessão atual por fotografar e compartilhar mais do que admirar.

Do marketing à mídia programática

No início do século passado, um grande varejista da Filadélfia e precursor das lojas de departamento, John Wanamaker, fez um comentário durante uma reunião que se transformou num mantra repetido até hoje entre nós. Segundo ele, "metade do valor investido em propaganda é dinheiro jogado fora. O problema é que não sabemos qual é essa metade". Ou seja, ele se sentia incomodado com a falta de resultados e o desperdício de dinheiro investido em comunicação.

De lá para cá, essa foi a frase mais repetida pelas áreas de marketing dos anunciantes em todo o mundo. A falta de ferramentas de aferição quanto à real eficácia da propaganda foi algo que atravessou todo o século XX e chegou até nós.

Os anos 1970 e 1980 foram considerados as décadas de ouro da mídia de massa no Brasil. Colocar um comercial no intervalo do *Fantástico*, programa dominical da rede Globo, era certeza de que muita gente veria a mensagem. Revistas e jornais batiam recordes de tiragem, e a mídia exterior estava presente, de maneira maciça, em todas as grandes cidades brasileiras.

Os anunciantes disputavam o horário nobre da TV a peso de ouro, mesmo sem muita cientificidade de aferição dos resultados. O que importava era estar no ar, marcar presença. O faturamento da mídia subia, e os custos para o anunciante se inflacionavam sem que o resultado apresentasse uma curva na mesma proporção. Havia apenas rudimentos de análise de eficiência com instrumentos precários de avaliação.

Um bom exemplo é a mensuração de audiência e a falta total de análise de resultados diretos dessa veiculação. Quando dizemos que determinado programa tem 20% de audiência, não significa que no intervalo comercial as pessoas estão assistindo à propaganda. Elas podem muito bem ter se levantado do sofá, ficado conversando entre si, ter buscado outras opções de conteúdo nas centenas de canais disponíveis, aproveitado para checar portais de notícias na internet, suas redes sociais ou mensagens de WhatsApp etc. Da mesma forma, a tiragem de um veículo impresso é apenas mais uma informação, e não uma certeza de alcance.

Trata-se, portanto, de ferramentas cada vez menos úteis para avaliar se estamos efetivamente atingindo alguém com nossa mensagem.

Além disso, mesmo que determinada pessoa assista, ouça ou leia nossa publicidade, isso não significa resultado efetivo, pois esse indivíduo foi atingido não por escolher, e sim por ter sido escolhido de maneira genérica, aleatória e baseada na média da população. Essa atitude passiva, e não ativa, é uma gigantesca diferença na hora de definir a atenção e o engajamento.

Durante quase um século, porém, o mercado de mídia não oferecia alternativas que permitissem mensurar resultados com eficiência. Seja na TV, no rádio ou no outdoor, tudo era estimado e baseado em premissas genéricas. Não havia certeza de nada, apenas suposição.

Ou seja, Wanamaker estava certo, mas, com a explosão de novas mídias — centenas de novos canais, mídia indoor, propaganda em ônibus, proliferação de novas revistas e jornais e muitas outras opções publicitárias —, o que era considerado 50% de desperdício passou a crescer cada vez mais. E chegamos ao ano 2000 com uma iminente crise na relação entre as mídias e seus anunciantes, que se sentiam bastante frustrados por investir cada vez mais e gerar cada vez menos resultados expressivos.

Apesar de ter surgido em 1969, foi apenas a partir do ano 2000 que a internet e as mídias digitais começaram a ser consideradas como complemento válido para o orçamento publicitário dos anunciantes. Naquele momento do mundo, havia o domínio quase absoluto das TVs, revistas e jornais, que, apesar da nascente concorrência dos sites, vídeos, blogs e ferramentas de busca, ainda reinavam absolutos.

A grande vantagem da nova opção de mídia que estava chegando era a capacidade de falar com o target certo e na hora exata, individualmente, *versus* o conceito Spray & Pray da mídia de massa.

Como disse recentemente M. Lawrence Light, ex-CMO (*chief marketing officer*) do McDonald's: "Não faz mais sentido, do ponto de vista econômico, enviar uma mensagem de publicidade para várias pessoas na esperança de persuadir apenas algumas."

No início, as agências de propaganda e os profissionais de marketing olharam para essa nova alternativa com um misto de empolgação e medo. Aliás, sempre que uma nova era surge perante nós, esses dois sentimentos ambíguos aparecem juntos numa dualidade inclusiva.

Temos simultaneamente a empolgação da novidade e a dúvida da mudança. Aos poucos, porém, as vantagens foram se tornando inegáveis, e a mídia digital passou a disputar espaço de igual para igual com os grandes veículos nos orçamentos de mídia. E hoje já é responsável por aproximadamente 35% do orçamento publicitário nacional. Nenhuma plataforma de mídia cresceu tão rápido, de forma tão consistente e em tão pouco tempo quanto a mídia digital.

As agências de propaganda começaram a ser demandadas pelos anunciantes para assumir o meio digital como alternativa real em qualquer plano de mídia, mas foram relutantes em atender a essa solicitação. Afinal, o sistema de remuneração direta e indireta que reinava na relação com os veículos de massa era infinitamente mais lucrativo para as agências que o oferecido pela mídia digital, que eliminou as BVs (bonificações por volume), as comissões e os planos de incentivo.

A drástica revisão de paradigmas nessa relação demorou para ser absorvida pelas agências de propaganda. Dali em diante, não era mais o veículo de mídia que as remunerava, muitas vezes de maneira não ortodoxa, mas o anunciante diretamente, o maior interessado na atividade técnica da agência.

A partir desse momento, houve um rearranjo negocial da indústria publicitária, que se viu na obrigação de revisar seus métodos de trabalho e suas formas de remuneração.

Ao eliminar a bonificação por volume que era paga pelos veículos de comunicação para as agências sem envolvimento do cliente, mas afetando seu custo, houve uma profissionalização imediata do segmento.

Ao veicular um anúncio, a decisão passou a ser técnica, e não eventualmente distorcida pelo interesse potencial na BV que aquele veículo específico pagava, de forma incentivada, para a agência.

Só isso já serviu para trazer mais percepção de eficiência e independência ao trato do recurso investido em comunicação, dando mais isenção e transparência às decisões técnicas de mídia. A ênfase na relação custo-benefício pôde se dar com ainda mais independência na gestão da verba publicitária.

Ao criar um vasto arsenal de novas possibilidades e alternativas de comunicação para o mercado anunciante, o espaço publicitário na internet explodiu em tamanho e alcance. Segundo cálculos aproximados, existem hoje cerca de setenta trilhões de páginas na internet, e apenas 2% delas oferecem opções de comercialização publicitária.

Mas essa gigantesca gama de opções (1,4 trilhão), além de atomizar as audiências, criou uma quase inviabilidade de se rentabilizar os planos de mídia feitos ainda por métodos manuais e tradicionais. Foi aí que surgiu a Mídia Programática e, com ela, a aceleração exponencial dos investimentos em mídia digital e o aumento proporcional da eficiência na alocação de anúncios.

Mídia Programática não é uma tecnologia, e sim uma metodologia de compra e venda de espaços publicitários on-line e em tempo real, possibilitando exibir um anúncio para um cliente específico, em um contexto particular. E fazer isso aos milhões, ao mesmo tempo, e sem interferência humana na transação.

A ferramenta permite segmentar o público não apenas por gênero, idade, condição socioeconômica e estado civil, mas também por uma infinidade de outros filtros muito mais específicos e precisos, como afinidades segmentadas por interesse em casa e jardim, saúde e bem-estar, esportes e fitness etc.

Ela pode, ainda, ir muito mais longe nessa adequação ao público-alvo, por meio de afinidades customizadas e identificando determinados momentos de vida dos usuários por meio de dados e inferências, como compra de um imóvel, formatura de um filho, casamento, alteração de status profissional e muito mais.

O potencial de segmentação é muito extenso e permite se trabalhar com uma granularidade inédita na área de comunicação, adequando a mensagem ao público, ao momento de vida e ao tipo de interesse temático demonstrado.

Em resumo, Mídia Programática é a negociação automatizada de compra e venda de publicidade on-line. É o processo de utilizar plataformas para que, de um lado, os *publishers* ou veículos de mídia ofereçam seu inventário de espaço disponível de propaganda e, do outro, para que os anunciantes veiculem suas campanhas nos sites.

A aquisição de espaços publicitários via Mídia Programática permite que qualquer marca personalize o conteúdo de sua mensagem visando os perfis certos, nos locais e nos momentos que considere certos. E essa segmentação pode ser feita por uma enorme gama de opções, tais como idade, gênero, posição social, hábitos de consumo, planos futuros etc. A personalização e a individualização da mensagem oferecem muito mais precisão e eficiência.

Outra grande característica da Mídia Programática é que ela nos permite analisar o comportamento on-line das pessoas e, por meio disso, gerar mensagens cada vez mais pertinentes e adequadas ao perfil e ao momento daquele potencial destinatário. E tudo isso em tempo real, gerando um público-alvo com uma taxa de conversão potencialmente muito mais alta. Quanto mais personalizada ou individualizada for a mensagem, maior é a chance de persuasão.

Uma anunciante que utiliza Mídia Programática acaba reunindo dados precisos e atualizados do público-alvo com base no tipo de usuário interessado em sua marca. E com esse conhecimento embarcado, ajusta on-line e em tempo real as métricas que permitem mais assertividade e desempenho geral da campanha.

O conceito de mídia define entregar mensagens que levam informações às pessoas que têm interesse em determinado objeto. E nada faz isso com mais aferição precisa de resultados que a Mídia Programática.

Ao automatizar as ações de marketing como nunca antes visto, a ferramenta permite que os anúncios sejam divulgados em tempo real e controlados também em sua eficiência a cada minuto da ação. E a chegada de ferramentas de IA amplia ainda mais esse leque de possibilidades e consequente eficácia nos resultados.

Para se ter uma noção do crescimento de uso da Mídia Programática, segundo o Interactive Advertising Bureau (IAB Brasil), ela movimentou, em 2018, cerca de R$ 16 bilhões de verba publicitária em nosso país. Dois anos antes, em 2016, esse volume era de apenas R$ 1,9 bilhão, um crescimento bienal de 840%. E o fenômeno é global, e não apenas nacional.

A principal razão disso é que na mídia de massa podemos analisar audiência por meio de generalizações mais ou menos precisas. Na mídia digital, além de analisar a audiência de forma muito mais precisa, avaliamos também engajamento — o que, numa campanha de vacinação ou no esforço didático sobre o auxílio emergencial do coronavírus, por exemplo, foi um parâmetro essencial de avaliação de desempenho.

Um dos fatores que mais colabora para essa evolução exponencial é o processo de negociação. Quando alguém compra espaços publicitários na mídia tradicional, o custo da inserção depende de uma negociação individual com a mídia na qual a mensagem será veiculada. É preciso, portanto, tratar com cada um dos veículos separadamente, sejam eles um jornal, revista ou canal de TV.

Já na Mídia Programática, o que o anunciante compra não é o veículo, mas o perfil do público que almeja, por meio de plataformas on-line com praticamente nenhuma mediação nessa negociação. A partir dos critérios de segmentação e escolha contextual definidos pelo anunciante, a plataforma faz a inserção dos anúncios em múltiplas transações simultâneas.

O universo digital é dinâmico, veloz e de crescimento exponencial. Isso exige dos profissionais que atuam nele não apenas aperfeiçoamento constante, mas supervisão permanente de sua implementação. E, por parte dos anunciantes, a justa remuneração para as agências devido ao volume extra de recursos humanos e técnicos necessários para tal. Esse maior investimento é compensado pelos enormes ganhos de eficiência na exposição da mensagem.

Devemos entender a Mídia Programática como um grande espaço democrático de negociação, no qual veículos de comunicação de qualquer tamanho e sem intermediários oferecem espaços de veiculação para anunciantes de qualquer dimensão, permitindo uma equalização de oportunidades e redução de custos devido à livre concorrência que lá se instala. Os anunciantes continuam livres para escolher onde veicular seus anúncios, usando porções maiores ou menores de espaço disponível.

Niall Ferguson, o conhecido professor e historiador escocês, em seu famoso livro *A praça e a torre: redes, hierarquias e a luta pelo poder global*, afirma que é necessário compreender que nossa busca por evolução deve levar a um maior autocontrole. Segundo ele, "se antes a sombra da torre (governo, autoridade etc.) protegia a praça (o povo e seus cidadãos), agora é o brilho da praça que deve iluminar a torre".

Com a lógica do planejamento invertida, agora podemos escolher a pessoa com quem queremos falar, com o máximo de eficiência, dentro de uma grande pluralidade de veículos possíveis, cabe a cada uma das mídias atrair essas pessoas por meio do seu interesse legítimo no assunto, e não levando em conta as concessões e licenças adquiridas por cada um.

Na internet, quem decide o que quer ver ou assistir é o povo, na hora que tiver vontade. É ele que está no controle. E é a ele que devemos nossa dedicação para a melhoria constante desse processo.

Comunicação persuasiva

Uma história famosa diz que um homem que não enxergava vivia sentado em uma calçada em Paris, com um chapéu aos seus pés e uma placa que dizia "Sou cego, por favor, me ajude". Um grande número de pessoas passava pela calçada diariamente, mas seu chapéu continuava com poucas ou nenhuma moeda.

Certa manhã, ao passar pela calçada e se deparar com a situação, uma publicitária o interpelou: "Bom dia! Posso escrever algo no seu cartaz? Prometo que não escreverei nada que o ofenda." Ao que o homem respondeu positivamente — no melhor estilo "pior do que está não fica". Ela escreveu no cartaz dele e seguiu seu caminho.

Ao retornar do trabalho no final do dia, a moça tornou a passar pelo pedinte e notou que o chapéu estava repleto de moedas e notas. Quando ouviu o cumprimento dela, ele falou: "Você é a moça que escreveu no meu cartaz pela manhã? Você fez um milagre. As pessoas estão o tempo todo deixando dinheiro no meu chapéu. Você salvou a minha vida."

No que antes era o verso do cartaz escrito "Sou cego, por favor, me ajude", agora a mensagem virada ao público dizia: "É primavera em Paris, e eu não posso vê-la".

Essa é a força persuasiva das palavras. Em uma sociedade mais prática e hedonista, nós estamos perdendo de vista o poder da sensibilidade das palavras. Porém, por ser escassa na competição com o hipercompartilhamento de imagens, essa arma persuasiva é ainda mais eficiente.

O economista paranaense Jorge Cury Neto cunhou o termo "economia da oralidade", por meio do qual ele avalia a importância da persuasão por meio da palavra no âmbito econômico. Em sua definição:

> "Parte-se da premissa celular na Economia da Oralidade que todo o dito causa mudança de comportamento e promove a alteração do consumo de bens e serviços, em níveis de experiência que vai do mais sutil, quase imperceptível, ao mais intenso, plenamente identificável."

> "A oralidade tem grande influência na maneira como vivemos. É por meio dela que as pessoas se comunicam com o mundo externo. É através do planejamento da fala que estabelecemos os nossos pontos de contato com o mercado. É essencial a prática de planejar, pensar antes de falar, ganhando performance na comunicação, evitando o conflito e o ruído e semeando informação, diálogo e relacionamento humano."

Nesse sentido, quanto maior é a capacidade de persuasão de um povo, mais desenvolvida e dinâmica é a sua economia. A diplomacia, como no exemplo que abre este capítulo, é outra manifestação do poder da oralidade e da boa articulação das palavras no processo persuasivo de maneira a interferir no processo sociopolítico e histórico de uma nação. Trazendo para uma prática cotidiana, quem também se beneficia disso são os líderes.

A boa liderança de qualquer grupo, seja em uma sala de aula, seja de uma organização multinacional, está mais relacionada com persuasão do que com autoridade. A habilidade de instigar alguém a executar algo significa fazê-lo encontrar em si mesmo uma força motriz até então oculta.

Esse combustível da motivação pode emergir de diferentes formas. Uma delas é o encontro com um firme propósito de vida ou uma causa nobre que o impele a agir. Outra é um senso de coletividade que leva o colaborador a se engajar em suas tarefas para a obtenção de resultados que vão beneficiar o time e a organização como um todo. O combustível da motivação varia em cada um. No entanto, a motivação jamais surge por meio de ordem, determinação ou autoridade, e sim de um eficiente processo persuasivo.

Dois pilares sustentam a comunicação persuasiva: o repertório e a oralidade. O primeiro — no qual me aprofundei bastante em capítulos anteriores — consiste em uma visão enriquecida e complexa que fornece a matéria-prima necessária para convencer alguém. Para formar um repertório que lhe permita ser mais persuasivo, é imprescindível ter curiosidade, para ler muito e ler tudo — não só aquilo de que gosta, e sim o que é relevante para o seu negócio e para a vida. Abrace a contradição. Muitas vezes, você terá que ler autores dos quais discorda, mas isso é fundamental para complementar a sua visão de mundo e ampliar seu senso crítico.

O segundo pilar, o da oralidade, consiste na capacidade de se expressar adequadamente para o interlocutor, o que Jorge Cury Neto chama de *voice design*. Para ser uma pessoa persuasiva, é importante evitar características comuns da linguagem coloquial. Voltemos ao exemplo da venda de títulos societários, para refletir quão persuasiva seria a seguinte abordagem:

— Boa tarde... é... eu represento a ADVB, conhece? Ela é, tipo, uma entidade espetacular que... hã, nela você vai fazer um networking espetacular e, tipo assim, vai aprender algumas técnicas espetaculares pra vender, sabe?

O exemplo pode parecer caricato, mas é repleto de vícios de linguagem bastante comuns na oralidade. Em uma explanação, os murmúrios, interrupções e interjeições são como consecutivas freadas bruscas que interrompem o fluxo da comunicação, prejudicam a compreensão e tornam a conversa irritante.

A repetição excessiva de palavras e as perguntas retóricas, que não exigem de fato uma resposta do interlocutor, também roubam a atenção do ouvinte de maneira negativa. Dessa maneira, ele passa a notar os vícios de oralidade, quando sua atenção deveria estar voltada ao conteúdo que o emissor pretendia transmitir.

Isso exemplifica bem como os vícios de linguagem aniquilam nossa capacidade persuasiva. E se para administrar a necessidade de repertório minha dica foi ler, neste caso, para praticar a oratória é preciso falar. Selecione um tema à sua escolha, ative a câmera ou o gravador do seu celular e fale sobre o tema durante dois a três minutos. Depois, assista ao vídeo e anote todos os vícios de linguagem que identificar. Siga treinando, com diferentes assuntos, até conseguir minimizá-los. É um treinamento poderoso para impulsionar a habilidade persuasiva.

> **Aquele que quer persuadir deve confiar não no argumento certo, mas na palavra certa. O poder do som sempre foi maior do que o poder do sentido.**
>
> *Joseph Conrad*

A evolução prevista para esta era pós-digital é a substituição gradativa da leitura e escrita pela fala e audição. A inteligência artificial já nos permite solicitar a previsão do tempo à Alexa, pedir que nos conte uma piada e ative o despertador para amanhã às oito da manhã ao som de Beethoven. Com o aprendizado de máquina, a capacidade de compreensão de IAs como a Alexa ou ChatGPT têm se aprimorado e em breve serão tão refinadas a ponto de transmitirem mensagens e executarem solicitações mais sofisticadas, dispensando completamente a necessidade da escrita no cotidiano.

A maior controvérsia na comunicação no WhatsApp hoje é o grande volume de mensagens de áudio, prática que acumula fãs e *haters*. É inegável que tais mensagens nos permitem fazer outras coisas enquanto gravamos ou ouvimos a mensagem, em vez de termos que parar o que estivermos fazendo para escrever ou ler. Essa praticidade elimina a necessidade de tela e teclado, representa uma enorme redução de custo e ampliação de acesso à comunicação por aplicativos de mensagem.

Ler e escrever demanda uma dupla decodificação cerebral, primeiro, para transformar os símbolos dos caracteres em signos, ou significados; depois, para fazer o caminho oposto e exprimir pensamentos por meio de símbolos. Falar e ouvir é muito mais espontâneo e intuitivo.

O consumo acentuado de podcasts é outro sintoma que expõe a presença massiva da fala sobre a escrita. É possível correr, dirigir, lavar louça e tomar banho ouvindo podcast, mas não lendo um livro. Para ler, é preciso reservar um tempo exclusivo e precioso.

Essa capacidade de falar e ouvir que temos ensinado às máquinas vai mudar radicalmente a importância da fala — e deve, inclusive, alterar o currículo das escolas, para abranger essa nova configuração comunicacional. A fala é muito mais central no cotidiano, enquanto a educação formal prioriza majoritariamente a escrita. Hoje, precisamos dedicar atenção ao desenvolvimento pleno da oratória, assim como da capacidade de ouvir plenamente. Tenho certeza de que a nossa habilidade persuasiva ganharia muito com isso.

> **A verdade é que você não pode persuadir o outro a mudar. Você pode persuadi-lo a melhorar.**

CAPÍTULO 8

Empatia

Não vamos esquecer que as emoções são os grandes capitães de nossas vidas, nós as obedecemos sem nos dar conta disso.

Van Gogh

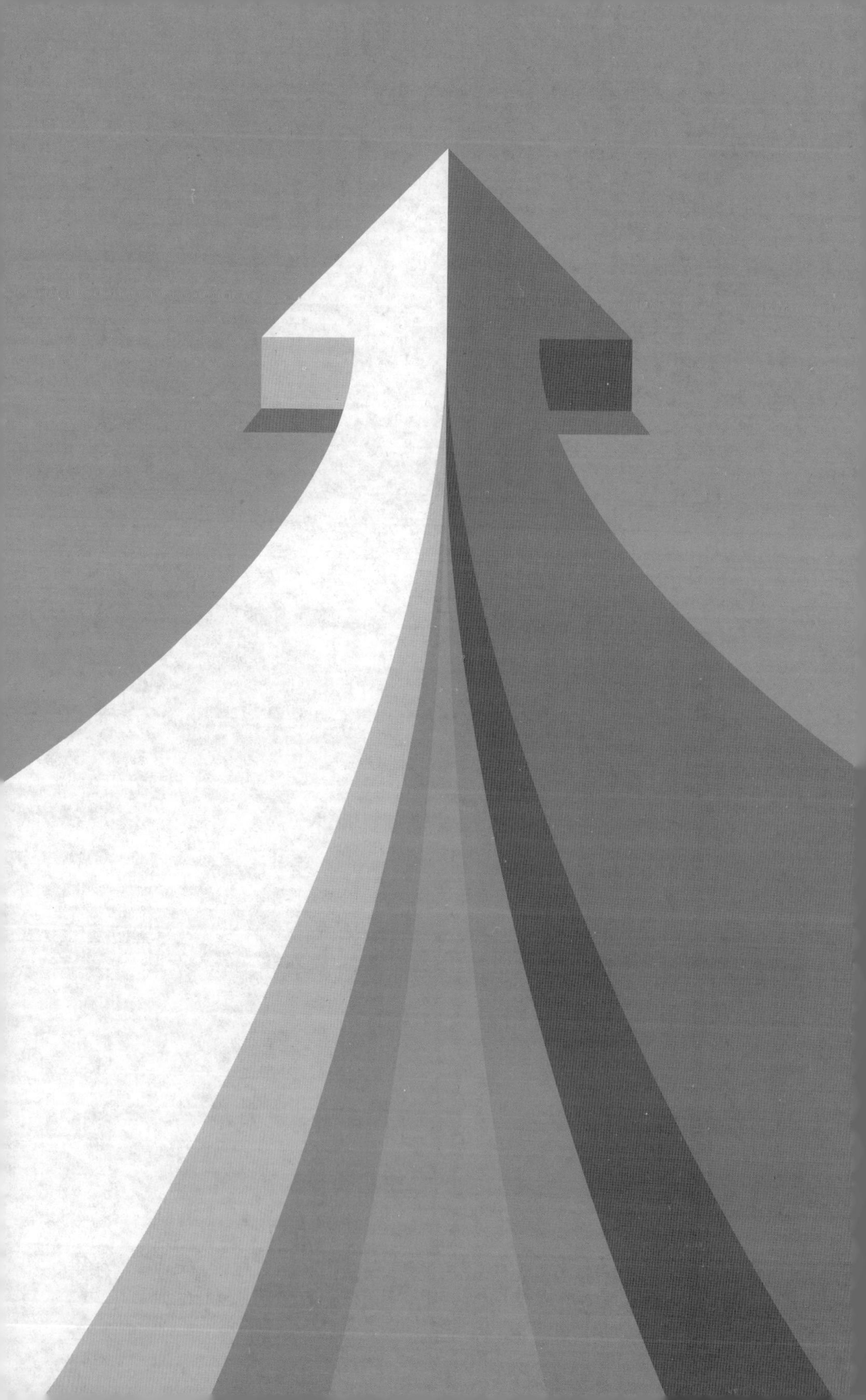

A vida na cidade de Omelas chega a ser utópica de tão perfeita. A organização social é harmônica, com eventos festivos e confraternizações. Os convivas se encontram para celebrar os bons momentos e aproveitar tudo o que a cidade lhes proporciona.

Seus habitantes levam uma vida próspera e feliz, são amistosos, inteligentes e saudáveis. Seus filhos brincam em segurança pelas ruas e espaços de lazer da cidade, além de terem acesso a boas oportunidades de estudo.

Na vida adulta, os cidadãos de Omelas se casam, têm filhos e permanecem na cidade — quem iria querer se mudar de um lugar tão desenvolvido e civilizado como esse? Assim, o ciclo virtuoso seguia em frente. Omelas é melhor que Pasárgada, onde é possível ser amigo do rei; afinal, em Omelas não existe monarquia nem quaisquer outras autarquias de poder.

Se os hábitos culturais são compartilhados de maneira uníssona, a natureza do progresso da cidade era resguardada sob o silêncio coletivo. E quando alcançam entre os oito e 12 anos, o segredo literalmente guardado a sete chaves é revelado, porém nunca explicado, aos jovens concidadãos.

Uma criança é mantida trancafiada em uma sala escura e suja, onde alguém de pequena estatura só consegue se manter encolhido. Lá, ela recebe comida e água suficientes apenas para sobreviver, e com regularidade também é alimentada de insultos e violência física. Àqueles que são apresentados a ela, é explicado que o sofrimento dessa criança é o preço a ser pago pela plenitude de vida de todos os demais. Caso um dia a criança seja retirada do cárcere, a cidade perderá todas as suas benesses. Esta é a justificativa da tirania. Este é o segredo de Omelas.

Para que a cidade permaneça em seu estado de felicidade perpétua, uma criança é mantida em um porão sujo e escuro, isolada e em constante sofrimento. Ela é maltratada e vive em condições deploráveis para que o resto da cidade possa desfrutar de sua felicidade. Entre a infância e a adolescência, portanto, os habitantes de Omelas são confrontados com uma escolha moral: aceitar a felicidade deles à custa do sofrimento de uma criança ou deixar a cidade para buscar uma vida desconhecida, mas livre do peso desse segredo.

Pelo bem da benesse coletiva, libertar a criança e destruir o estado de bem-estar da cidade nunca é uma hipótese. Se a criança for libertada, argumentam, ela nunca será capaz de reconstituir a humanidade que lhe foi usurpada ao longo da vida. Dessa forma, ninguém sairia ganhando: a cidade seria submetida às mazelas às quais todas as outras cidades do mundo também estão, enquanto a criança não seria capaz de viver plenamente.

Alguns optam por ficar e ignorar o sofrimento da criança, justificando que o bem-estar de muitos supera o sofrimento de um único indivíduo. Outros, no entanto, não conseguem conviver com a injustiça e decidem abandonar aquele paraíso artificial. Entre a empatia e a tirania, restavam apenas escolhas individuais que nada mudavam o cenário.

O sentimento de revolta despertado pela narrativa é alimentado pela capacidade inerente de sermos empáticos. O conto "Aqueles que abandonam Omelas", de Ursula Le Guin, publicado originalmente em 1973, explora as complexidades da ética e da moralidade quando a escolha da maioria de causar mal a alguém é posta sob escrutínio.

Muitos que optam por deixar Omelas o fazem por empatia em relação ao sofrimento da criança, colocando o bem-estar do indivíduo acima do bem-estar coletivo. Em contraste, a maioria escolhe ignorar o sofrimento da criança em favor da própria felicidade.

> **O lugar para onde eles se dirigem é ainda menos imaginável para a maioria de nós do que a cidade da felicidade. Eu realmente não posso descrevê-lo. É possível que não exista. Mas eles parecem saber para onde estão indo, aqueles que se afastam de Omelas.**
>
> *Ursula K. Le Guin*

A decisão de deixar Omelas sem libertar a criança é complexa porque envolve uma espécie de escolha maldita: ter empatia pela criança que sofre, ou pelos outros habitantes da cidade, que passariam a sofrer caso a criança fosse liberta. A empatia é apresentada como uma força motriz poderosa para a ação moral. Aqueles que decidem sair julgam estar tomando uma decisão ética, mesmo que isso signifique enfrentar o desconhecido e manter a situação intacta.

É por essas razões que não existe regra para ser empático. A empatia, em si, é uma atitude, uma forma de agir mediante a relação com o outro. Pode, portanto, ser aprimorada, ou desprezada, à medida que as relações se constroem e se modificam.

Existem três tipos de empatia:

› Empatia cognitiva

A empatia cognitiva é a habilidade de entender como uma pessoa se sente e o que ela poderia estar pensando. É o tipo mais "básico" e que mais praticamos no dia a dia. Ela também nos faz ser melhores comunicadores, porque nos ajuda a transmitir informações de maneira mais assertiva, conforme o interlocutor.

Pense na hipótese de que você precisa informar alguém sobre o falecimento de um ente querido. Talvez, se fosse o contrário, você preferisse receber essa notícia de um jeito mais objetivo, talvez quisesse que te falassem "Fulano morreu", por telefone mesmo. Mas, quando é você que precisa dar essa notícia para outra pessoa, precisa pensar em como *aquela pessoa* prefere saber disso.

Se, com base no que conhece do outro, você intui que ele prefere receber a notícia pessoalmente, com mais cuidado, então irá até a casa dele, vão se sentar num sofá, talvez tomem um chá, um café. Nesse meio-tempo, você pode observar como a pessoa aparenta estar se sentindo e, aos poucos, vai introduzindo o assunto, até finalmente dar a notícia do falecimento. Isso é empatia cognitiva em prática.

› Empatia emocional

É a mais afetiva das empatias. É a habilidade de compartilhar os sentimentos da outra pessoa — "a sua dor é a minha dor". Este tipo de empatia nos ajuda a criar conexão emocional com os outros.

Por exemplo: no âmbito corporativo, se pensava muito sobre "em qual negócio nós estamos?", se era na indústria de automóveis, de eletrodomésticos, da música... Hoje, as empresas já pensam em "que problema estamos resolvendo ou que sonhos estamos realizando?".

Quando uma marca consegue se conectar com a dor e com o desejo do público consumidor, cria uma conexão emocional com ele. É por isso que tantas pessoas preferem, às vezes, pagar mais caro para consumir um produto de determinada marca, ainda que tenham outros, de outras marcas, que sejam tão bons quanto. Elas se conectam com essa marca, pois a sua dor foi entendida.

> **Empatia compassiva**

Neste caso, ela supera a simples compreensão da outra parte e se transforma na ação de efetivamente ajudá-la quando existir uma possibilidade.

Quando você chega ao seu prédio e encontra alguém carregando um monte de sacolas, com dificuldade para subir as escadas ou chegar até o elevador, e tem o ímpeto de se oferecer para ajudá-la com a carga, está colocando a empatia compassiva em ação.

A empatia pressupõe um interesse genuíno e legítimo pelo outro, uma necessidade de olhar o mundo a partir da perspectiva do outro e ter prazer em se relacionar com o diferente.

Certamente, nem todo mundo tem a mesma facilidade para tal. Pessoas que tenham facilidade de estabelecer conexões serão mais induzidas a se valer dessa habilidade no cotidiano em comparação àquelas que, por alguma razão, sejam mais endógenas e retraídas.

No Capítulo 7, sobre a habilidade de persuasão, abordo como as teorias da personalidade e a tonicidade interferem no ciclo motivacional de cada um, e descrevo algumas estratégias para fazer a leitura dos diferentes perfis, volitivo, intelectivo e ativo, e se relacionar com eles. Ou seja, a empatia tem uma relação ubíqua com a persuasão, pois nada é mais importante para persuadir do que se colocar na posição do interlocutor, de modo que expressemos nossas ideias e pensamentos a partir da perspectiva do outro, e não da nossa.

Confesso que muitas vezes tenho dificuldades em exercer a escuta e preciso me forçar a ouvir outras pessoas. Busco manter isso em mente e focar na importância de exercer a empatia. Tenho ciência de que uma postura pouco empática me levaria a ter problemas de persuasão (lembre-se da importância disso quando cheguei a São Paulo sozinho pela primeira vez e precisei encontrar trabalho e aumentar minha renda para sobreviver na capital).

O outro lado da moeda é que empatia em excesso também é um problema.

O paradoxo de Abilene

Em uma manhã de sábado, num dia muito quente na cidade de Coleman, no Texas, o marido, a esposa, o sogro e a sogra estão no terraço de casa, jogando dominó e bebendo limonada. O dia está lindo e agradável, e todos estão confortáveis e se divertindo. O sogro, então, propõe o seguinte:

— Um dia lindo desses e a gente aqui dentro de casa... por que não vamos a Abilene? Podemos passear, almoçar em um restaurante e aproveitar o dia.

Abilene fica a aproximadamente 85 km de Coleman. O carro do sogro não tem ar-condicionado e o termômetro marcava em torno de 40°C. Essa perspectiva deixa o genro desanimado, mas sua esposa logo responde ao pai:

— Ótima ideia!

Ao que a sogra acompanha:

— Maravilha, tem tempo que não vou a Abilene!

O homem nota que seria o único com uma opinião contrária, então se dá por vencido e topa a viagem, sem demonstrar sua indisposição com a ideia. Todos então partem para Abilene.

No caminho, o calor é arrebatador, e o carro velho do sogro sofre para fazer o trajeto. Chegando ao destino, comem em um restaurante cuja comida é horrorosa e todos passam mal.

Quatro horas de trajeto com o carro enguiçado depois, a família está de volta em casa, todos sentados na varanda em frente a suas limonadas frescas e ao vento do ventilador, de onde nunca deveriam ter saído. Para quebrar o gelo, apesar do risco de desagradar alguém, o genro fala:

— Que ideia péssima ir a Abilene...

Então a sogra responde:

— Sabe... Eu não estava com a menor vontade de ir, mas vocês estavam tão empolgados que não quis atrapalhar e topei.

O genro estava incrédulo. Ele, que estava superfeliz jogando dominó e tomando limonada gelada, confortavelmente na varanda, acreditava ser o único que não concordava com a ideia da viagem. Logo sua esposa interferiu:

— Eu não estava empolgada coisa nenhuma! Eu estava contente em casa, jamais seria louca de querer sair em um calor desses... mas vocês pareciam querer sair, então eu concordei com a ideia do papai!

Seria o sogro, aquele que sugeriu a viagem, o único que desejava ir a Abilene? Ele rapidamente disse:

— Olha, eu confesso a vocês que a última coisa que eu queria no mundo era ir até Abilene, mas achei que vocês poderiam estar entediados jogando dominó em casa em um dia de sol e fiz o convite. Como todo mundo topou, a gente foi. Afinal, eu queria que todos nós nos divertíssemos juntos. Por mim, teria ficado em casa exatamente como estávamos e comeríamos alguma coisa gostosa por aqui mesmo.

Ali estavam quatro pessoas empáticas o bastante para saírem do conforto da varanda para agradar às demais, sem refletir sobre a importância de afirmar onde elas próprias gostariam de estar.

Jerry Harvey, especialista em gestão e professor da Universidade George Washington, que faleceu em 2017, estudou durante décadas como a dinâmica dos grupos interfere na gestão organizacional. O caso do paradoxo de Abilene foi criado por ele para mostrar como o excesso de empatia pode ser tão prejudicial quanto a falta dela, quando a habilidade de se conectar com o outro supera a capacidade de comunicação assertiva.

Nesse paradoxo, um indivíduo toma uma decisão baseando-se na suposição de que o grupo vai preferir algo que contrarie sua própria vontade, em função de obter aceitação ou não ser censurado. Do outro lado, todo mundo fez a mesma escolha. E, juntos, sofreram as consequências.

Posso afirmar que eu conheci algumas empresas que eram verdadeiras agências de turismo para Abilene. Era impressionante quando, em uma reunião, surgia uma ideia ruim e alguém falava: "Isso mesmo, ótima ideia." Ninguém considerava aquela uma ótima ideia, nem a própria pessoa, mas com a intenção de demonstrar apoio e não ser estraga-prazeres, o grupo todo se apoia naquela tomada de decisão equivocada.

Daniel Goleman, psicólogo e professor de Harvard, considera a empatia — habilidade de conectar as próprias emoções com as emoções do outro — um dos quatro pilares da inteligência emocional:

› *Self awareness* (**autoconhecimento**): é a compreensão dos seus próprios sentimentos, de onde eles vêm e por que você sente o que sente. Este é um pilar importante na tomada de decisões.

› *Self management* (**gerenciamento das emoções**): as emoções podem interferir na vida de alguém de três formas — psicológica, cognitiva e comportamental. *Self management* é a capacidade de administrar as emoções reconhecidas graças à autoconsciência de modo que elas não interfiram no seu dia a dia.

› *Social awareness* (**empatia**): muitos definem empatia como "colocar-se no lugar do outro"; logo, pensam: "Eu devo tratar o outro como eu gostaria de ser tratado." Errado. O *social awareness* indica que o caminho mais empático é buscar entender o que a outra pessoa gostaria, como ela deseja ser tratada, pois, muitas vezes, o que parece bom para nós não é bom para o outro.

› *Social management* (**sociabilidade**): está atrelada à capacidade de se comunicar e se relacionar com os outros de maneira exógena, assim como de dar e receber feedback com transparência e mente aberta.

O paradoxo de Abilene exemplifica a importância do equilíbrio entre os quatro pilares da inteligência emocional para as relações humanas. Quando a balança pende mais para um lado, nos tornamos empáticos em excesso, os omissos guias turísticos para Abilene; para o outro, nos tornamos líderes tribais incapazes de ouvir e de nos relacionar com o diferente. E esse fenômeno é motivado hoje cada vez mais pelos algoritmos.

> Quanto mais empático for um líder, mais inspirador ele será.

Uma sala de espelhos infinitos

As recomendações de conteúdo fornecidas por algoritmos são um componente central de muitos serviços on-line, como redes sociais, serviços de streaming, mecanismos de busca e e-commerces. Por meio de diferentes fontes de dados, os algoritmos utilizam técnicas de aprendizado de máquina para personalizar as recomendações com base nos interesses e comportamentos dos usuários.

Um dos principais desafios das recomendações algorítmicas é que elas restringem os usuários a uma rede de conexões limitada por interesses comuns, criando uma espécie de "bolha" limitada por filtros. Uma vez expostos a conteúdo que já se alinha com seus interesses existentes, isso torna os usuários mais endógenos.

Embora as recomendações algorítmicas tenham a vantagem de tornar o conteúdo mais relevante para os usuários, elas limitam nossa exposição a diferentes pontos de vista, o que pode reforçar crenças e perspectivas preexistentes. O ideal seria equilibrar a personalização com a busca ativa por diversidade de conteúdo e opiniões, a fim de evitar a endogenia excessiva e a falta de variedade nas experiências on-line.

Os algoritmos, o mundo digital e a vida *always on* têm se transformado em caixas de ressonância uníssonas e nos forçado cada vez mais ao tribalismo e à consequente perda de empatia. Essa dissonância empática extingue a capacidade de dialogar com tudo o que é diferente e isso se manifesta diariamente nas redes sociais. Em uma discordância, pessoas inaptas só conseguem reagir de duas formas: com desprezo ou com violência. Essa tendência ao tribalismo belicoso não tem a ver com a natureza humana, e sim com a hipnose digital criada pelos algoritmos, que têm gerado uma sociedade cada vez mais sectária e agressiva.

Como disse antes, eu mesmo preciso me esforçar para escutar os outros cognitivamente (o que envolve a abertura de mente e não de ouvidos). A hiperexposição causada pela onipresença das mídias favoreceu a perda da capacidade de escutar. Hoje, todo mundo está falando, mas poucos estão, de fato, ouvindo o que toda essa gente tem para dizer. Por isso o recurso mais caro hoje na busca por audiência é a atenção.

Todos nós, em determinados momentos, somos mais egoístas ou altruístas. Sem juízo de valor, a postura adotada em relação ao outro varia em espectro, a depender das nossas necessidades e momentos, o que é reforçado até mesmo pelo nosso instinto de sobrevivência. Em situações de ameaça, é comum que as pessoas ajam de maneira egoísta, priorizando a própria segurança e bem-estar. Isso pode incluir competição por recursos escassos, autopreservação e tomada de decisões que beneficiem o indivíduo em detrimento dos outros.

O equilíbrio entre o comportamento egoísta e o altruísta pode variar amplamente, a depender do indivíduo e da situação. A natureza humana é complexa, e a evolução nos moldou para sermos capazes de nos adaptar a uma variedade de circunstâncias. Nosso comportamento pode ser influenciado por fatores como a proximidade dos relacionamentos, valores culturais, normas sociais e a percepção da ameaça, o que fortalece o tribalismo impulsionado pelos algoritmos.

Tenho conversado com muitas empresas no Brasil na luta para criarmos um órgão regulador das redes sociais, a fim de reduzir o tribalismo algorítmico. O objetivo é que os algoritmos deixem de fornecer conteúdos 100% alinhados ao que o público concorda e passem a equalizar essa conta entre 70% de conteúdo alinhado e 30% de conteúdo divergente.

Este, obviamente, é um terreno árido. Quanto mais engajadas as pessoas estão, maior é a taxa de retenção dos usuários, o que significa mais consumo de publicidade e maior faturamento para as empresas. Em nome do lucro no curto prazo, as big techs podem estar contribuindo para o esgarçamento do tecido social. Mas o que elas precisam entender é que, ao destruir a sociedade, elas se destroem junto. Por isso, realmente acredito que chegaremos a uma solução antes que a situação se torne irreversível.

O simples ato de aceitar que as pessoas podem querer o bem de um jeito diferente do nosso subverte a lógica tribal. Existem pessoas que acreditam piamente que o socialismo é a única forma de dar ao povo uma condição de vida melhor. Outras, também com sinceridade, creem que o capitalismo liberal e consequente meritocracia é a melhor opção para que as sociedades se solidifiquem de maneira digna.

Para romper o paradigma do "nós contra eles" e aceitar que pessoas com pensamentos e ideologias diferentes podem, sim, ser pessoas boas, temos que fazer uso do diálogo ativo — que pressupõe falar com clareza, mas também ouvir com atenção. É preciso abandonar o maniqueísmo e entender que ambos os lados estão genuinamente interessados no bem-estar coletivo, apenas enxergam caminhos diferentes para se chegar a um mesmo fim.

A empatia exige substituir a ótica egoísta por outra mais altruísta. Para isso, precisamos:

1. **Buscar entender a perspectiva do outro sobre determinado assunto, problema, desafio ou questão ética.** Os habitantes da cidade de Omelas, do conto de Ursula K. Le Guin, acreditam estarem tomando a melhor decisão para todos, ainda que tomem decisões divergentes; afinal, cada um parte do próprio ponto de vista.

2. **Reconhecer as emoções do outro.** Algumas pessoas são mais emocionais e outras, racionais. Julgar a emotividade do outro a partir da nossa racionalidade, ou vice-versa, é um caminho pouco frutífero para desenvolver empatia e estabelecer um diálogo persuasivo ou produtivo.

3. **Entender que existem diferentes pontos de vista.** Temos uma tendência a achar que estamos sempre corretos, que nada pode estar mais distante da verdade do que a forma como as outras pessoas pensam a respeito de algo. Isso é um grande equívoco. Primeiro, porque existem diferentes pontos de vista. Segundo, porque as pessoas entendem o mundo de maneiras diferentes. Terceiro, porque elas *vivem o mundo* de formas distintas — tiveram experiências muito diversas, o que as levou a conclusões muito diferentes. Sem deméritos.

4. **Desenvolver uma escuta ativa e abrir os olhos para enxergar que existem muitas soluções e visões para o mesmo problema.** Considerando a multiplicidade de experiências sócio-históricas possível, é preciso ter humildade e entender que um problema pode ser enfrentado

> a partir de muitos ângulos. Na busca por uma tomada de decisão, ouvir opiniões e proposições diferentes das nossas de maneira respeitosa e sincera aumenta a capacidade de chegar a uma solução. Normalmente, a opinião de pessoas com outros *backgrounds* pode conter uma solução mais adequada do que aquela encontrada apenas por semelhantes.

É importante dizer que a virtude da empatia não está no caminho para Abilene nem na caixa de ressonância: ela está no meio. A fim de evitar que esta erosão empática nos torne absolutamente autocentrados e egoístas, precisamos encarar os diferentes rostos expostos nesta sala de espelhos distorcidos e com múltiplas faces em que vivemos.

Um mercado em expansão

Mais do que nossos polegares opositores, o que nos diferencia da inteligência artificial é a nossa capacidade de estabelecer conexões sociais profundas e desenvolver cultura e linguagem. Portanto, habilidades como empatia, criatividade, persuasão, as quais abordo neste livro, são os recursos de que mais precisaremos nesta era pós-digital.

Para líderes e gestores, é um desafio a ser encarado. Ninguém é líder de verdade sem uma alta dose de empatia e, principalmente, sem entender que, num grupo, seja ele qual for, existem muitos pontos de vista e todos merecem respeito. Todos agregam de alguma forma. Essa premissa básica deve antevir a mera imposição do politicamente correto.

Uma empresa empática é aquela que tem dentro do seu corpo de colaboradores a exata representação do espectro social. A inclusão, portanto, não deve ser tratada como uma dívida moral que o mercado tem com a sociedade, e sim como uma estratégia, afinal ter uma parcela que represente diferentes espectros da sociedade ajuda no processo decisório, na compreensão de uma fatia mais expressiva do mercado.

No livro *Ideias rebeldes*, o autor Matthew Syedse baseia-se em estudos das áreas da psicologia, antropologia e economia para defender o poder da divergência na sociedade e nas organizações. A administração das organizações deve ter em mente que contratar colaboradores e formar equipes com pessoas com deficiência, de diferentes origens étnicas, orientação sexual e ideologia política é importante, porque a soma de diferentes perspectivas resulta em uma ampla gama de resultados.

Isso gera tomadas de decisão mais conscientes e favorece a criatividade e inovação. Para Syed, a diversidade é um tipo de inteligência coletiva que favorece a evolução da espécie humana. Na relação com o mercado, com nossos clientes e com os outros vários stakeholders, empatia é fundamental.

> **Não valorizamos as diferenças e divergências para ser politicamente corretos, e sim para tomarmos melhores decisões.**

Saímos da era do consumo de massa, passamos rapidamente pela *mass customization* (customização em massa) e estamos indo direto para o que chamamos de *true individualism* (individualismo verdadeiro). Mesmo as grandes empresas de produtos de massa estão fazendo um esforço gigantesco nessa direção.

Se você entrar na loja da Nike da Quinta Avenida, em Nova York, terá a oportunidade de transitar por seis andares destinados a criar uma experiência única para cada cliente. Na chamada House of Innovation, é possível personalizar o tênis à sua escolha da maneira como quiser. Você pode escolher cores exclusivas para um modelo, selecionar a sola, o cabedal, o tipo de cadarço e se terá ou não zíper; tudo de acordo com o seu estilo, gosto e objetivo de uso. Assim, terá uma peça única.

As lojas de roupas, que até pouco tempo disponibilizavam modelos-padrão que iam do 34 ao 46, ou do P ao XG, hoje oferecem modelagens e cortes individualizados via scanners corporais para cada silhueta, além das opções de cintura alta ou baixa conforme a tendência em vigor.

Outro bom exemplo de hiperpersonalização está na indústria de maquiagem. A cantora Rihanna abandonou a carreira na música pop para se dedicar à sua marca de produtos de beleza, a FentyBeauty, com o objetivo de criar maquiagens de alta qualidade para a maior variedade de tipos de pele possível. Além dos produtos para pele oleosa, seca e mista, comuns no mercado, a marca apostou em diferentes cores e tonalidades, e conta com cinquenta diferentes tons de base e corretivos. Depois disso, marcas internacionais, e também as brasileiras, abandonaram a paleta de cores limitada a meia dúzia de tonalidades e precisaram se adaptar. Hoje, é possível abrir um site de maquiagens e cosméticos e dizer qual é a tom da sua pele, se ela é oleosa, seca, mista, sensível ou não, se tem rugas ou acne, e receber a exata combinação de produtos específicos para você.

Se antigamente era preciso ser milionário para personalizar o próprio carro, hoje é possível escolher na concessionária exatamente quais itens você deseja acrescentar no modelo escolhido, incluindo itens de conectividade.

Antigamente, a família toda se reunia em frente à televisão para assistir, junta, ao filme escolhido pela emissora, de acordo com a grade de programação. Hoje uma vasta disponibilidade de serviços de streaming a preços acessíveis e com catálogos diversos, Netflix, Prime Video, Apple TV, Disney+, HBO Max, dentre outros, nos permitem assistir a milhões de filmes e séries à nossa escolha, quando e onde quisermos. Soma-se a isso a democratização do acesso à internet e dos smartphones. Esse cenário, somado ao tribalismo provocado pelas redes, cria também uma sociedade individualizada e sobretudo mimada.

O dilema é que quanto mais diversa for a sociedade, mais vamos nos defrontar com o contraditório e com pensamentos e comportamentos divergentes; e quanto mais mimada, mais difícil será administrar essa contradição.

As pessoas tenderão a ficar cada uma mais diferente das outras. É o fim dos clusters com que trabalhávamos na propaganda, que categorizavam o público consumidor de acordo com gênero, faixa etária, renda, localidade e estado civil. Hoje, cada um tem uma visão de mundo diferente, que se reflete em desejos de consumo diferentes. Em momentos como esse, tanto para gerir pessoas como para criar produtos e serviços, é preciso aumentar nosso grau de empatia.

> **Gerir uma empresa significa entender como funcionam as pessoas, e não apenas o negócio.**

Diante de uma sociedade cada vez mais mimada e individualizada, empresas bem-sucedidas, não importa o tamanho, terão que atuar com base em um novo tripé de desempenho:

1. **Facilidade de aquisição dos produtos e serviços**

Seja no segmento *business to business* (B2B) ou *business to consumer* (B2C), o cliente tem exigido (não apenas desejado) facilidade na aquisição, na operação e no funcionamento de produtos e serviços, assim como no acesso ao suporte.

2. **Flexibilidade de processos**

Além de facilidade para adquirir o que deseja, o cliente busca hoje possibilidades variadas para receber o que comprou. Comprar na loja e receber em casa, comprar on-line e retirar na loja, comprar no metaverso e receber em casa — cada pessoa vai querer de um jeito, e é preciso ter flexibilidade nos processos para poder atender aos diversos tipos de desejos individuais.

3. **Individualidade da relação**

Hoje, é inadmissível que um cliente que frequente uma loja semanalmente seja tratado como alguém que a visita pela primeira vez. A hiperexposição e o fato de o mundo ter se tornado um palco no qual todos se sentem como estrelas fazem todos quererem ser reconhecidos em algum nível. Ao entrar em uma loja ou visitar um site, o cliente deve ter sua relação com a loja ou site reconhecida.

Nesse momento, todos teremos que sair das nossas intocáveis Torres de Marfim e cairmos juntos na Torre de Babel, muito mais cheia de gente, com mais diversidade de pensamento, de idiomas e de desejos. Empatia exige a noção de que liderar pessoas é liderar indivíduos com desejos, aspirações e ideias completamente distintas. O que precisa prevalecer é o real interesse por eles. O líder bem-sucedido é capaz de compreender todos esses idiomas e traduzi-los.

O *big data* é resultado de um conjunto de ferramentas que o ajuda a conhecer as pessoas de maneira mais individualizada, carregando informações exclusivas dos usuários de modo que ajude as organizações a guiar suas condutas para proporcionar experiências exclusivas. De novo, é uma faca de dois gumes. Na medida em que a revolução 4.0 provoca o que chamei de tribalismo algorítmico, ela tem desencadeado um processo de reumanização que precisamos administrar para gerar valor.

A grande questão é que as empresas parecem ter percebido isso e estão se movendo nessa direção, enquanto a academia tradicional, como diria Noam Chomsky, "dorme furiosamente". Enquanto o mundo evolui, a academia sinaliza estar parada no tempo.

Da educação ao ADucation

Nada é mais importante para uma empresa hoje do que propósito. No Capítulo 7, descrevo como o propósito, isto é, a paixão que move as pessoas em direção a algo, é um combustível poderoso para a persuasão. Além disso, muitas vezes é ele que nos impulsiona a ter resiliência mediante as adversidades, do que trato no Capítulo 5.

> Avaliar nossas habilidades é uma nova forma de ver o mundo e se ver neste mundo.

Antigamente as pessoas adquiriam uma máquina de lavar roupas para ter mais liberdade, ou seja, compravam o propósito através do produto. Hoje, as pessoas compram sustentabilidade, quando optam por adquirir somente roupas feitas de algodão orgânico; ou seja, hoje, vendemos propósito para que as pessoas adquiram produtos.

Essa mudança na lógica de consumo abre um vasto leque de oportunidades para que as empresas de fato expressem seu propósito a fim de criar conexões empáticas e verdadeiras com seu público. Uma dessas oportunidades é por meio da educação.

Uma grande marca de cafés poderia oferecer cursos de barista para quem tem interesse em se aprofundar no universo do café e aprender sobre os diferentes métodos de preparo. Além de se conectar de maneira mais intensa com as pessoas, a marca impulsionaria os próprios produtos e aumentaria sua exposição.

A importância filosófica da visão perante a percepção alheia é mais do que uma questão metafísica. Uma marca de óculos conectada com a moda poderia educar o público em relação a isso, afinal, às vezes os óculos são usados para ver, e em outras, para atrair olhares e ser visto. Atrelar esse propósito às potencialidades da moda e do *personal branding* seria um atrativo poderoso e cativante.

Por outro lado, empresas pioneiras já aderiram à estratégia. O Google, por exemplo, desenvolveu o próprio curso de programação para ensinar pessoas a desenvolver códigos. Quando o recrutamento de pessoas está atrelado à educação, isso favorece a retenção de talentos, reduz o *turnover* da empresa e, consequentemente, também reduz custos, aumenta a lucratividade e favorece o crescimento no longo prazo.

A Sotheby's, que trabalha com leilões de arte e produtos de luxo, em Londres, oferta cursos de arte, para que as pessoas compreendam o real valor das obras que ela comercializa.

Esse é o potencial do ADucation, estratégia que une o poder da publicidade e o propósito da educação. Esse casamento entre academia e empresa, relação que costumava ser distante, só foi possível graças ao digital. As empresas deixaram de pensar em termos de "qual é o nosso negócio" e passaram a refletir sobre "quais sonhos nós estamos realizando".

Individualismo coletivo: uma dualidade inclusiva

Uma dica prática para quem precisa desenvolver a habilidade da empatia, e que particularmente funcionou muito bem para mim, é o hábito de ler. A leitura é uma forma de calçar os sapatos do outro e percorrer os caminhos criados e trilhados por ele.

Por isso, a importância da busca por assuntos e autores contrastantes com nossas crenças e visões de mundo. Se você é politicamente mais alinhado com a direita, leia também obras de autores da esquerda. Se acredita que o destino está traçado e é imutável, leia Schopenhauer e a visão de que Deus dá as cartas e, a nós, cabe jogá-las.

O economista e filósofo Adam Smith, autor de *A riqueza das nações* e *Teoria dos sentimentos morais*, chamava empatia de *moral sentiment*. Para ele, não ter empatia significava estar doente moralmente, ou seja, ser um psicopata. Eu discordo dessa afirmação. No entanto, compreendo que a conjuntura política do século XVIII o forçava a ser enfático sobre isso. As relações de trabalho passavam por transformações expressivas graças à Revolução Industrial; o êxodo rural e a urbanização massiva provocavam transformações geopolíticas.

A moderna teoria da inteligência emocional, em parte, vai ao encontro da visão de Smith, uma vez que este reconhece que os seres humanos têm a capacidade de regular e controlar os próprios sentimentos. Nesse sentido, ele argumenta que a moralidade envolve a capacidade de equilibrar nossos sentimentos e impulsos com um senso de dever e justiça. Para Smith, quando observamos o comportamento dos outros, devemos julgar suas ações com base em nosso próprio senso de empatia.

Perceba que, mesmo discordando, reconheço o contexto em que foi desenvolvido o trabalho de Adam Smith. Fazer a leitura da obra também me permitiu encontrar pontos de convergência, já que existem reflexões a serem consideradas. Uma postura muito diferente de simplesmente dizer que sua obra não presta ou tratá-lo como ultrapassado.

Em suma, a empatia não significa aceitar a partida para Abilene. Ser empático não pressupõe deixar a paixão de lado na defesa das suas ideias e aceitar as ideias alheias. Pressupõe, sim, entender que o outro defenderá tão apaixonadamente as próprias ideias quanto você, e que a motivação dele também é legítima.

> Empatia não é compaixão nem concessão. É compreensão.

Empatia digital

Há uma enorme distância entre o que falamos e o que as pessoas ouvem. A habilidade empática está exatamente em se colocar no lugar do outro e se expressar a partir da realidade dele. Atualmente, em alguns casos, o outro pode ser até mesmo a inteligência artificial.

Nos últimos tempos, tenho usado ferramentas de IA como Midjourney, para fazer uma enorme quantidade de ilustrações. As ferramentas executam trabalhos impressionantes em segundos, mas, para isso, a capacidade de descrever e detalhar com competência é condição essencial.

A IA precisa receber de mim a informação completa e detalhada para fazer a exata ilustração que eu quero, de acordo com o repertório dela. Se eu disser, por exemplo, que quero a imagem de "whisky on the rocks", receberei ilustrado uma garrafa de uísque em cima de um monte de pedras. Para alcançar meu objetivo, preciso descrever com precisão que o que eu desejo é um copo sofisticado de cristal com uma dose de uísque e cubos de gelo dentro.

O resultado que recebi não foi equivocado; a IA acertou o desenho, de acordo com o repertório dela. Quem fez a solicitação da maneira equivocada fui eu, que não considerei a realidade do meu interlocutor. Esse diálogo cotidiano com o computador me levou a refletir sobre a importância da comunicação empática.

A partir de agora, a importância do ilustrador ou diretor de arte deixa de ser a capacidade de executar tecnicamente as tarefas e passa a ser *imaginá-las e descrevê-las.*

Por outro lado, o reducionismo vocabular da atualidade também pode estar diminuindo nossa habilidade empática. A turma do "tipo assim" não consegue se comunicar empaticamente bem. Uma boa comunicação, afinal, exige imaginação, expressão verbal, repertório e empatia.

Por exemplo, se eu disser "estive numa cidade pequena", meu interlocutor pode visualizar um município do tamanho de Jundiaí ou Rifaina, dependendo da realidade ao redor dele. Para a IA, que não está acostumada a referenciais geográficos concretos, será necessário descrever exatamente a que tipo de cidade me refiro, mencionar sua área e a quantidade de habitantes.

Para exercer com competência a habilidade de empatia, seja ela humana ou digital, é preciso entender que palavra tem poder. E que cada palavra, adicionada ou retirada, é uma informação adicional que altera a compreensão e, daqui em diante, interfere no modo como construímos o mundo em que vivemos.

> A partir de agora, não haverá espaço para a turma do "tipo assim...". A comunicação precisará ser clara, assertiva, persuasiva e empática. Tanto com interlocutores humanos como não humanos.

O dilema do trem

Para finalizar este capítulo, proponho uma reflexão ética para você, leitor. Imagine que um trem lotado percorre os trilhos em alta velocidade, de maneira desenfreada e sem controle. A qualquer momento ele acabará caindo em um abismo e todos os passageiros morrerão de maneira trágica.

No entanto, existe a possibilidade de você, que cuida da ferrovia, puxar uma alavanca e desviar o caminho do trem por um trilho extra, no qual está outro trabalhador da ferrovia trabalhando nos dormentes. Caso a situação siga como está, o trem cairá no abismo e cinquenta pessoas morrerão; caso você desvie o trilho, salvará todas elas, mas o trabalhador da ferrovia, que está no trilho paralelo, morrerá. Você puxaria ou não a manivela?

Haverá quem diga "obviamente, afinal salvarei cinquenta vidas à custa de somente uma". A esses, eu indago: e se o trabalhador da ferrovia fosse seu pai, a ponderação meramente matemática ainda valeria?

Outros dirão: "não puxaria a manivela de maneira alguma, pois não posso interferir no destino e tomar uma decisão dessas." Então, deixo o questionamento: "e se no trem estivesse a turma do seu filho em uma viagem escolar" ou "e se o trabalhador da ferrovia fosse um assassino famoso", a sua decisão de não interferir mudaria?

Todas essas provocações vão no sentido de que o exercício empático muitas vezes exige não só entender o outro ou se preocupar com ele, mas também tomar decisões. Seja em Omelas ou nas redes sociais, é importante entender que a empatia muitas vezes nos leva a tomar decisões éticas e morais difíceis. Não existe uma resposta definitiva ao dilema do trem. Mas vale refletirmos até que ponto um mal menor prevalece sobre um mal maior.

> **Empatia é sentir com as pessoas. A empatia atrai conexão, a simpatia leva à desconexão.**
>
> *Brené Brown*

CAPÍTULO 9

Foco

Algumas pessoas acham que foco significa dizer sim para a coisa em que você irá se focar. Mas não é nada disso. Significa dizer não às centenas de outras boas ideias que existem.

Steve Jobs

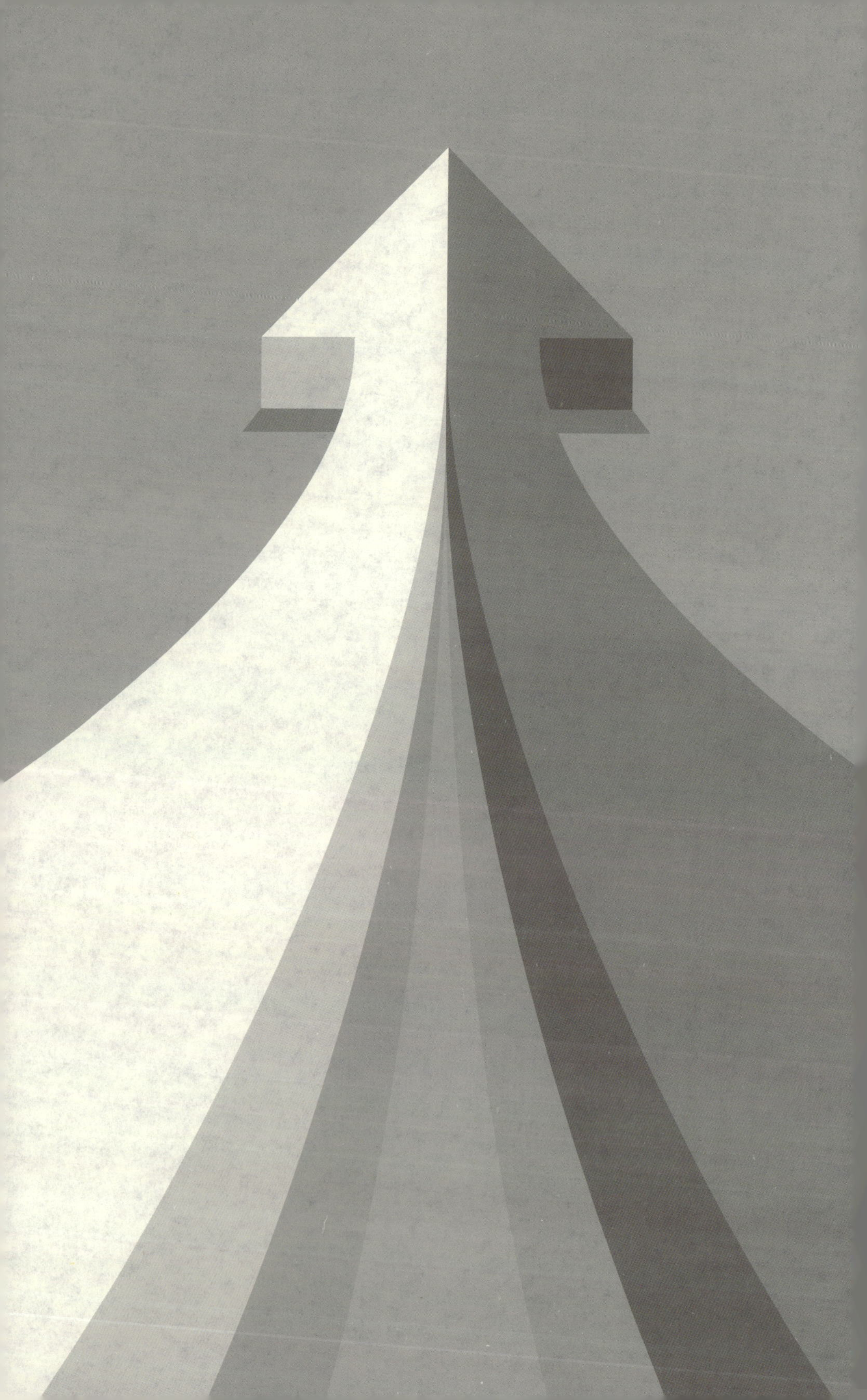

O calor do verão do Hemisfério Norte pode não parecer tão ameaçador para quem está acostumado à temperatura dos trópicos. Mas, no dia 1.º de agosto de 1996, a temperatura subiu tanto em Atlanta, nos Estados Unidos, que a quadra de vôlei estava prestes a se tornar uma panela de pressão.

Naquele dia, a seleção brasileira de vôlei disputaria a semifinal olímpica contra Cuba. As expectativas eram de que o Brasil enfrentasse as cubanas somente na final, já que a seleção caribenha vinha fazendo uma campanha tão boa quanto o Brasil e provavelmente também se classificaria em uma posição mais alta no grupo, o que impediria o confronto na fase do mata-mata. No entanto, o Brasil seguia imbatível e Cuba já havia perdido dois jogos na fase classificatória, o que antecipou a disputa.

A relação entre as brasileiras e as cubanas não era nada amistosa. Trocas de ofensas e lances truculentos já eram de praxe nas partidas entre as duas grandes seleções. Então, naquela partida valendo vaga para final, não era esperado que houvesse muito *fair play* — mas também não era esperado o que viria pela frente.

Cuba entrava em quadra pressionada, enquanto as brasileiras chegaram bastante focadas e venceram o primeiro set com larga vantagem, por 15 a cinco. Foi quando a estratégia da seleção cubana mudou: movidas por sua energia conflituosa e incentivadas pelo treinador, elas decidiram provocar as jogadoras brasileiras durante a partida, com gestos, xingamentos e até mesmo disparando cusparadas através da rede. Conseguiram vencer o segundo set.

Em vez de arrefecer, as provocações aumentaram, inclusive por parte das atletas que estavam no banco de reservas. No entanto, as brasileiras buscaram permanecer focadas e dominaram o terceiro set. O quarto set, por sua vez, foi das cubanas.

No set decisivo, as cubanas saíram na frente no *tie-break* e mantiveram os três pontos de diferença até o final. A cubana Mireya Luis lançou a bola em direção a Marcia Fu, que não conseguiu dominar. Cuba estava na final das Olimpíadas de Atlanta. Ao Brasil, restava pensar na disputa pelo bronze.

A seleção que chegou como franca favorita saía derrotada da quadra por ter perdido o foco graças às provocações das rivais. Ao término da partida, o desrespeito das cubanas era tamanho que o conflito se intensificou. A perda de foco se transformaria em perda da razão, e as jogadoras partiriam para a briga física, que seguiu até o vestiário. Derrota na quadra e também fora dela.

Em seu livro *Transformando suor em ouro*, o técnico Bernardinho conta que as brasileiras estavam revoltadas com a derrota e que seria necessário encontrar uma estratégia para recuperar o foco das jogadoras, que logo precisariam jogar para disputar a medalha de bronze.

Há quem diga que a prata é a medalha mais amarga, pois ela vem da derrota no confronto final, enquanto o bronze ao menos vem da vitória da disputa pelo terceiro lugar. Mas essa não era a perspectiva das brasileiras naquele momento. Para elas, estava tudo perdido.

Ainda assim, segundo Bernardinho, ele colocou as atletas para treinar durante muitas horas, de maneira extenuante, na véspera do jogo que definiria o terceiro lugar, até que uma das jogadoras falou: "Desse jeito, não vamos conseguir jogar amanhã!" Objetivo alcançado. Agora, o foco das atletas não estava na derrota anterior, e sim em vencer o próximo jogo. No dia seguinte, o Brasil venceria a Rússia e ganharia a medalha de bronze, a primeira medalha olímpica do Brasil no vôlei.

Dentre todas as habilidades que abordo neste livro, talvez o foco seja uma das mais difíceis de manter e cultivar. Afinal, não se trata de uma habilidade inata, com a qual nascemos. É preciso desenvolvê-la e treiná-la com consistência. E o foco depende de dois fatores: motivação e obsessão.

Se existe uma *motivação*, ele surge naturalmente. A seleção brasileira de vôlei entrou em quadra motivada a vencer e, portanto, bastante focada apesar da pressão e do clima hostil. Isso lhes permitiu vencer o primeiro set com tranquilidade e, ainda, manter a cabeça no lugar e vencer novamente o terceiro antes que tudo desandasse. Mas foi a obsessão que as fez retomar o foco após uma derrota tão acachapante — não em número de pontos, mas em proporção de conflito — e subir ao pódio.

Mas existe o outro lado, muito menos interessante e mais mundano do que a disputa olímpica. Eu, toda vez que chego de uma viagem, não importa a duração e a distância, desfaço minha mala inteira imediatamente, dobro minhas roupas e guardo o que tem que ser guardado. Não que eu ame fazer isso, mas o foco é necessário. Se eu simplesmente mantiver minha mala cheia em algum canto, ela será para mim o que as ofensas das cubanas foram para as atletas do vôlei brasileiro: uma distração, um ladrão de foco.

Muitas vezes na minha vida vi pessoas que conseguiram superar suas limitações porque tinham um foco obsessivo. E muitas vezes vi pessoas que tinham um potencial brutal, mas que se perdiam pela falta dessa habilidade.

Alguns, graças à sua inteligência e repertório, aprendem as coisas mais rápido e com mais facilidade do que outros, mas ninguém aprende nada de fato se não tiver uma motivação que alimente o foco. Pense nessa habilidade como uma espécie de superpoder que, na medida em que o adquirimos, podemos carregá-lo em nosso cinto de utilidades. Basta fazer uso dele.

Isso é importante porque hoje, na era pós-digital, o foco é um dispositivo cada vez menos acionável. Proponho uma reflexão: qual foi a última vez que você foi a um show, esteve em uma festa ou fez uma viagem que você tenha de fato *focado em vivenciar e aproveitar* essa experiência, em vez de fotografá-la ou filmá-la? Ainda, quantas vezes você de fato parou para ver as fotos que tirou e as usou para se recordar do bom momento que viveu? Ou você usou essas fotos apenas para postar em suas redes sociais e receber algumas curtidas e elogios?

> A perda de foco transforma cada um de nós em um pato, que nada, voa, anda, mas não faz nenhuma dessas coisas bem.

O foco é uma ferramenta para desenvolver outras habilidades, mas, sobretudo, para superar limitações. O esporte paralímpico é um exemplo disso. Nele, atletas com deficiências físicas ou intelectuais competem em modalidades esportivas de alto nível, trabalhando incansavelmente para melhorar seu desempenho e vencer. Muitas vezes, precisam se adaptar a equipamentos esportivos e técnicas específicas para superar suas limitações, o que requer um alto nível de foco na aprendizagem e na aplicação de novas habilidades e métodos. Foco, adaptabilidade e resiliência convergem em busca do melhor desempenho.

A diferença entre prometer e se comprometer

O início de um ano é sempre um tempo de promessas: vou emagrecer, vou procurar outro emprego, vou terminar a reforma, vou cuidar melhor da saúde, vou ler aquele livro ou fazer aquele curso etc.

Passamos umas duas ou três semanas cheios de planos e perspectivas que acabam ficando no meio do caminho e, ao final do ano, percebemos que quase tudo que foi prometido acabou não sendo realizado. Por isso, a grande resolução de início de ano deve ser: prometer menos e se comprometer mais.

Mais importante que a *to do list* é a *not to do list*. Tenhamos em mente que a mudança de calendário não altera nosso comportamento: a única coisa capaz disso é uma mudança de perspectiva. Tenhamos coragem de dizer não, às vezes para nós mesmos. Sejamos compreensivos com nossas falhas e limitações, mas rígidos em relação às nossas tentações.

Cada vez que prometemos sem nos comprometermos, a isso se segue um sentimento de frustração e baixa autoestima que precisa ser evitado. Não adianta ser otimista na promessa sem ser realista na execução.

O mundo digital veio se somar ao analógico e o que sofreu com isso foi o tempo. Temos cada vez mais compromissos, atividades e cada vez menos tempo. E com menos tempo, é ainda menor nossa chance de realizar tudo que planejamos. Por isso, nesta fase do mundo o grande desafio é o foco.

Mudanças de comportamento levam um tempo, mas a decisão de mudar começa em um instante. Entendendo a diferença entre promessa e compromisso, podemos enxergar os benefícios de prometer menos e se comprometer mais. Esse é o nome do jogo.

Para ser mais preciso, existem três tipos de foco, atrelados a três personalidades distintas:

> o especialista, que tem foco profundo;
> o generalista, que tem o foco superficial;
> e o nexialista, que tem o foco nexial.

Descreverei os três em detalhes a seguir, de modo que você, leitor, poderá visualizar uma linha do tempo da evolução dos negócios nas últimas décadas e como a especificidade do foco também se modificou.

Especialista e generalista — o histórico dos negócios

Até os anos 2000, as empresas se concentravam na compreensão de "qual é o meu negócio". Ao delimitá-lo, focavam em direcionar as operações de maneira específica. Na época, se alguém propusesse a uma empresa de seguro-saúde para se associar a uma academia de ginástica, ele seria chamado de louco. Nesse cenário, as empresas buscavam *especialistas* para atuar em seus negócios, de modo a torná-lo cada vez melhor naquela área específica.

A partir da década de 2010, a perspectiva corporativa mudou bastante e se tornou mais *generalista*. A pergunta a ser feita passou a ser: "Que problemas nós estamos resolvendo?" A definição do conceito de saúde, por exemplo, deixou de ser restrita somente a "não estar doente" e se tornou mais abrangente. Daí em diante, se o foco da atuação de uma empresa de seguro-saúde era, logicamente, cuidar da saúde das pessoas, a visão do negócio se expandiu e se tornou quase óbvia a relação entre um seguro-saúde e academias de ginástica, convergindo para o bem-estar e saúde integrada. Assim, a indústria de revestimento cerâmico também se sentia na obrigação de criar e manter uma escola de aplicadores especializados em seus materiais.

Mais recentemente, a partir de 2020, o mantra corporativo mudou outra vez. Nos capítulos anteriores, falei muito sobre a importância do propósito corporativo para criar conexão com o público e, também, do valor cada vez maior que tem sido dado ao propósito pessoal, principalmente pelos *millennials* e pela geração Z. Por isso, mais recentemente, o questionamento que passa a guiar as organizações é: "Que sonhos nós estamos realizando?" Neste ponto, emerge a necessidade de criação de ecossistemas. E para atender esse novo mantra corporativo, só um foco nexialista é capaz disso.

Foco nexial — ecossistema em ação

Nexialismo significa a integração de maneira sinérgica, complementar, sequencial, entre as várias disciplinas e especialidades que compõem o conhecimento humano, ou os negócios de determinado segmento, de forma que todos os elementos tenham nexo entre si.

No livro *Missão interplanetária*, da década de 1950, o autor A.E. Van Vogt narra uma aventura de ficção científica na qual a nave espacial *Galgo* sai da Terra em busca de vida inteligente em outros planetas. A tripulação era composta por especialistas de todas as áreas do conhecimento humano. Uma espécie de Arca de Noé de cientistas.

O protagonista da história é Elliot Grosvenor, o único tripulante que não era especialista em nada e que o autor chama de nexialista. Ele faz parte da equipe encarregada de garantir a sobrevivência da expedição e resolver os desafios que surgem durante a viagem. Sua presença na expedição da *Galgo* era fundamental para a segurança de todos os passageiros, uma vez que ele empregava a abordagem nexialista para resolver os complexos desafios que surgiam durante a jornada interplanetária. Ele era capaz de analisar as dinâmicas interpessoais e relacionamentos, entender as motivações dos personagens e desenvolver estratégias para enfrentar quaisquer ameaças à expedição.

Ao longo da narrativa, Van Vogt explora temas como a sobrevivência da humanidade, a adaptação a ambientes hostis e o confronto com o desconhecido, e expõe como o nexialismo pode ser uma ferramenta poderosa para a resolução de problemas em cenários complexos. Ao contrário do especialista, com suas visões limitadas pelo repertório e ferramentas que lhe foram dadas, o nexialista tem uma visão isenta de vieses.

> Apesar de parecer falta de foco, o foco nexialista é um direcionamento estratégico do olhar, que abrange um panorama mais vasto de maneira deliberada. Ele reúne a visão isenta do generalista e a profunda do especialista, focando não nos fatos e sim na conexão entre eles.

No cenário competitivo em que vivemos, foco direcionado tem a ver com adaptabilidade. Gerir uma organização atualmente se assemelha a seguir o Waze, e não um GPS estático. Até pouco tempo, as organizações definiam um caminho e o seguiam rumo ao objetivo, independentemente do que acontecesse. Hoje, definidas as metas e estratégias, o que mais se ouve é "recalculando a rota", à medida que os eventos se apresentam. O destino, ou objetivo, permanece o mesmo; o que muda é o caminho para chegar até ele.

Essa perspectiva nexialista só é possível porque hoje nós podemos ser especialistas no que quisermos no momento em que desejarmos, afinal temos ao alcance de uma tela uma verdadeira biblioteca de Alexandria repleta de conhecimento disponível em nossas mãos.

A nova visão ecossistêmica das organizações é propícia para os nexialistas. Um ecossistema empresarial ou corporativo é um conjunto de ofertas, serviços e produtos, sejam eles proprietários da empresa ou não, que disponibiliza múltiplas possibilidades de interações e atividades ao público. Existe uma sinergia exponencial entre as ferramentas conectadas pelo ecossistema, atreladas pelo mesmo mantra corporativo: "Que sonhos nós estamos realizando?"

O Hospital Israelita Albert Einstein é um bom exemplo de ecossistema. O que surgiu como um hospital, agora, compõe uma rede conectada e sinérgica toda voltada à saúde integral. O ecossistema Einstein inclui:

- > equipamentos hospitalares;
- > educação em saúde, com formações e programas de estudo;
- > pesquisa;
- > área de responsabilidade social;
- > empreendedorismo e apoio a startups etc.

Ecossistema é uma multiplicidade de serviços ou produtos ofertados e que, de certa maneira, completam o ciclo da jornada do cliente. Hoje, é possível entrar em uma graduação, fazer residência, montar um consultório ou atuar no hospital, empreender na criação de uma clínica, colaborar com a comunidade através do terceiro setor, tudo dentro do ecossistema Einstein. É um ciclo virtuoso que se retroalimenta fornecendo um amplo leque de possibilidades para a sociedade.

Outro bom exemplo é a rede de varejo Cacau Show. Além de uma fábrica de chocolates com lojas físicas, a empresa criou um e-commerce que atende o Brasil inteiro. A Cacau Show desenvolveu um projeto de relacionamento com o cliente denominado Cacau Lovers, que soma em torno de 25 milhões de pessoas. A partir disso, o ecossistema se expandiu e hoje conta com inúmeras atividades que vão de hotéis a restaurantes, de fazendas a centros de estudo e treinamento, e até um comentado futuro parque de diversões.

A empresa entendeu que o seu negócio não era apenas oferecer chocolate, e sim entretenimento. Seu objetivo é proporcionar às pessoas momentos felizes, de celebração, de romance e de nostalgia. Sendo um ecossistema, ela pode promover essa experiência de múltiplas maneiras.

Mas, para que isso ocorra, um nexialista deve estar no comando. É preciso fazer análise de cada negócio, avaliar as áreas de conflito, entender a margem de remuneração de acordo com cada operação. Para isso, é necessário um gestor focado e que gere nexo entre toda a multiplicidade de ofertas. Sem essa visão holística, em vez de um ecossistema, a organização pode acabar criando um arquipélago.

Outro exemplo notório é a Sony. Além de ser uma das grandes empresas na área de produtos eletrônicos, a marca inclui:

> Sony Music, gravadora;
> Playstation, na área de games;
> Sony Pictures, na área de entretenimento;
> Sony Mobile Communications, na área de telecomunicações;
> VAIO, fabricante de notebooks;
> Sony Entertainment Television, de TV a cabo.

A questão é que na Sony era cada marca por si. Por falta de um nexialista no comando, cada ramificação do que poderia ser um ecossistema se tornou um organismo autônomo, que não apresentava interação promocional ou mercadológica com os demais. Com isso, apesar da excelência em tudo que faz, o negócio foi perdendo tração e relevância nas múltiplas áreas onde ainda atua.

O exemplo mostra a importância de definir se os objetivos da organização exigem ter foco especialista, generalista ou nexialista. Só assim será possível recrutar profissionais que vão ao encontro dessa perspectiva e, então, traçar estratégias.

Muito em breve, as empresas terão que criar seu ecossistema ou fazer parte de um. Para gerir esse novo modelo de negócio, pessoas com foco nexialista serão ainda mais necessárias no comando, ao passo que esta é uma habilidade ainda pouco comum.

> O generalista é um ser de dois olhos. O especialista tem um olho só. Já o nexialista tem vários olhos, sempre abertos, espalhados pelo corpo todo.

O ativo mais caro do mundo pós-digital

Certo dia, um amigo que é um leitor ávido e coleciona centenas de livros em sua imensa biblioteca me contou sobre uma das visitas que recebeu do filho jovem adulto. Para passar mais tempo com o filho, ele decidiu deixar um pouco os livros de lado e se aventurar nos videogames. O processo de alfabetização na linguagem dos games on-line, que no início figurou como um desafio de aprendizagem, logo o atraiu e ele pegou gosto pela coisa. Naquele período em que o rapaz passou na casa do meu amigo, os dois se dedicaram aos jogos.

Após duas semanas, o filho foi embora e meu amigo se sentou no sofá para, finalmente, retomar sua leitura. A missão parecia tender ao fracasso. Após 15 dias passando de fase nos games, ele mal conseguia vencer cinco páginas de um livro. Não conseguia focar. Foi preciso reeducar o cérebro a executar uma atividade que antes era corriqueira, quando não competia com os estímulos advindos de outras fontes.

O mundo digital está tirando nosso foco. Em meio ao paradoxo da abundância, nós é que precisamos ditar o papel que a tecnologia vai exercer em nossas vidas, cientes da importância de agir conscientemente. Todas as facilidades que um smartphone proporciona muitas vezes se tornam indispensáveis, e é justamente esta a função que ele deve ocupar no cotidiano. Mas é preciso estar atento quando ele se torna uma distração que ocupa cada segundo da nossa mente, impedindo que o ócio e a introspecção cumpram seu papel.

A atenção é um ativo valioso na era pós-digital. Neste período, somos constantemente bombardeados por informações, notificações, entretenimento e demandas variadas que competem pela nossa atenção. Isso ocorre devido à proliferação de dispositivos digitais, redes sociais, aplicativos e à disseminada interconectividade que coloca nossa atenção no centro de uma disputa feroz.

Publicidade on-line, plataformas de redes sociais, jogos e aplicativos de entretenimento são projetados para manter os usuários engajados, concentrados durante horas em suas interfaces. Essa constante luta pelo foco dedicado pode levar ao estresse e à distração crônica, que afetam nossa capacidade de concentração, tomada de decisões, produtividade e, consequentemente, nossa qualidade de vida.

Nesta era pós-digital, a gestão eficaz do foco e da atenção tornou-se um desafio iminente. Para muitos, envolve o desenvolvimento de habilidades de autorregulação, como estabelecer limites para o tempo gasto em dispositivos, reduzir a exposição a distrações digitais e cultivar práticas de *mindfulness* para melhorar a atenção e ajudar a manter foco. (No Capítulo 6, falo da relevância dessas práticas para o exercício e manutenção da criatividade.)

A atenção se tornou um dos ativos mais caros na era pós-digital devido à intensa competição por nossa capacidade de concentração somada à inabilidade de manter o foco.

> **Boa parte do estresse que as pessoas sentem não vem de ter muito o que fazer. Vem de não terminar o que começaram.**
> *David Allen*

A falta de foco se manifesta na perda de produtividade. Em minhas palestras e encontros, é comum ocorrer este diálogo:

— Walter, eu queria que você me ajudasse a tirar meu plano do papel.

Então, pergunto:

— Ok, mas você já colocou o plano no papel?

E a resposta é:

— Não.

— Então, não temos como tirá-lo do papel. Primeiro, coloque de fato o seu plano no papel, aí, sim, eu te ajudo a tirar.

Essa incapacidade de materializar planos no mundo concreto muitas vezes deriva da falta de foco. Isso gera estresse e ansiedade, uma vez que visualizar a realização de algo que é meramente virtual é um pouco mais difícil do que a concretude do atual.

Todas as outras habilidades das quais trato neste livro fazem, em algum nível, parte da natureza humana e evoluíram com os indivíduos à medida que estes foram se adaptando ao ambiente em que vivem. A diferença do foco é que o processo adaptativo da humanidade em seu período recente e daqui em diante tende a reduzi-lo em vez de aprimorá-lo. Foco depende de disciplina, não de aptidão. E essa é a vantagem que a inteligência artificial tem sobre nós.

Sem dúvida nossa capacidade de imaginar e criar conexões profundas com outros indivíduos nos coloca em posição de vantagem em relação aos robôs. Por outro lado, o foco da IA está condicionado exclusivamente à codificação dos algoritmos. Ela não sofre com distrações. Nesse sentido, será cada vez mais difícil competirmos com a IA se não buscarmos também um foco apurado e nexial.

> Foco é entrega. Ao focarmos em um plano, uma tarefa ou uma estratégia, nos dedicamos por completo àquilo que nos propomos a fazer. Foco é determinação. Exige força de vontade. Foco é decisão. Exige escolher priorizar algo e se manter firme nessa escolha, independentemente das distrações ou estímulos contrários.

A epidemia da distração

Na física, o conceito de "foco" é utilizado em óptica e geometria para se referir ao ponto para onde os raios de luz ou outras ondas convergem. Na medicina, pode se referir a uma área específica do corpo acometida por uma infecção, dor ou desconforto. Na ciência, trata-se do ponto central de interesse sendo investigado. Na gestão, indica a habilidade de cumprir suas responsabilidades de forma correta e no prazo estipulado.

De acordo com o Conselho de Emprego e Relações do Trabalho da FecomercioSP, o brasileiro é quatro vezes menos produtivo do que um norte-americano e três vezes menos produtivo que alemães e coreanos. Resultado? Nossa *renda per capita* é prejudicada.

Com tantos estímulos clamando por atenção, as pessoas estão mais dispersas, displicentes e sem noção de prioridade. A tendência de *multitasking*, alimentada pela presença constante dos dispositivos digitais, faz com que muitas pessoas dividam sua atenção entre múltiplas tarefas. Isso reduz a qualidade de nossa atenção, tornando-a ainda mais escassa. No Capítulo 6, falo sobre como a multifuncionalidade não deve prejudicar o foco dedicado a cada uma das funções executadas.

Quando estiver fazendo ou pensando em algo, faça-o ou pense nisso de maneira dedicada. Se não tiver foco, nem fizer uma coisa por vez e terminar o que começou, estará alimentando uma vida mais complicada e, ao mesmo tempo, com produtividade baixa.

Essa falta de foco generalizada se transformou em uma epidemia no Brasil. Uma vez que a sociedade nos leva nessa direção, será bem-sucedido quem conseguir se livrar dessa doença. O paradoxo da abundância gerado pelo digital nos proporciona cada vez mais informação disponível, mais distração e menos interesse. No entanto, existe o outro lado.

O mundo vai se tornando mais complexo na medida em que se transforma de maneira exponencial, porém menos complicado, já que temos à disposição ferramentas capazes de facilitar a execução de praticamente todas as tarefas existentes. O foco é a habilidade que transforma essa complexidade de barreira em ponte. É apenas questão de atitude, não de aptidão.

Eu não nasci desenhista. Sou incapaz de rascunhar uma casinha e um sol com nuvens. Mas meu foco em estudar codificação e experimentar o Midjourney me deu um superpoder e me tornou um artista. Quem for capaz de desenvolver esta habilidade para se potencializar certamente se destacará. Em terra de distraídos, quem é focado é rei.

> A aliança entre o homem e a máquina é cada vez mais um processo de adição, não de substituição.

Olhar o passado e focar no futuro

O monumental edifício de Santa Sofia, símbolo de Istambul, é um encontro de duas religiões e impérios que se sobrepuseram no tempo. Foi construída pelo imperador bizantino Justiniano I para ser uma catedral cristã no século VI, um testemunho do poder e da grandeza de Bizâncio. Por quase mil anos, serviu como égide para a religiosidade cristã ortodoxa oriental.

Sobreposta com uma enorme cúpula central que parece flutuar no céu, Santa Sofia é uma maravilha da engenharia que parece desafiar a gravidade, como se as sinuosas linhas dos edifícios de Niemeyer voltassem quase 15 séculos. Sua fachada é recoberta com mármore branco e vermelho, e as enormes janelas decoradas com intrincados vitrais permitem que a luz do sol penetre no ambiente, criando uma atmosfera celestial no interior do edifício.

Com a conquista de Constantinopla pelos otomanos, Santa Sofia foi convertida de catedral cristã em mesquita, sob o comando do sultão Mehmed II. Os mosaicos cristãos foram cobertos e elementos islâmicos foram adicionados. Essa fusão de fé e cultura continuou até o século XX, quando o primeiro presidente da Turquia, Mustafa Kemal Atatürk, determinou que Santa Sofia fosse transformada em um museu secular. No entanto, em 2020, foi novamente convertida em mesquita.

Santa Sofia é muito mais do que apenas um edifício; é uma testemunha silenciosa de séculos de história, mudanças culturais e transformações políticas. Quando a visitei com meu filho, vi que os olhos dele brilhavam, vidrados naquele monumento repleto de minúcias. Ao lado dele, em vez de desfrutar daquela maravilha, eu estava ao celular, preocupado com o trabalho. Quando minha atenção e eu deveríamos estar ali, o que fiz foi levar São Paulo para a Turquia.

Não estou dizendo que focar no trabalho não é importante, muito pelo contrário. Ao longo deste capítulo, dou diversos exemplos de como esta habilidade é imprescindível para a gestão de organizações e carreiras. Fato é que, se dediquei o foco correto ao trabalho até o momento de sair para as férias, muito provavelmente o andamento dele estaria nos trilhos.

Nosso foco também deve estar na família, no lazer e em tudo o que faz parte de nosso cotidiano. Se estiver em um jantar, saboreie a comida. Se estiver assistindo a um filme, preste atenção nele e desfrute dos recursos que foram minuciosamente oferecidos pela direção, produção, fotografia, figurino, e entretenha-se. Se estiver de férias com a família, entregue-se a esse momento.

Criar filhos é a tarefa mais difícil e relevante que exercemos ao longo da vida. Parte dessa função é ajudá-los a não serem fisgados pela crise de foco, que se desdobra em uma verdadeira epidemia da distração.

Se uma criança é obcecada por tocar piano e passa todo o tempo livre praticando o instrumento, o responsável por ela deve deixar que isso aconteça ou incentivá-la a diversificar suas atividades?

Se aos 18 anos o filho decide não prestar vestibular, e sim trabalhar como barista, os pais devem censurar essa escolha e insistir que faça uma graduação ou permitir que ele viva essa experiência e cresça com ela?

Para ambas as perguntas, não existe resposta certa. Importa entender profundamente o que o filho, um indivíduo autônomo e com um futuro pela frente, quer. Filhos são pessoas que o mundo nos empresta para cuidarmos durante um tempo. Nesse processo, nós os ajudamos a se relacionar com o mundo e na descoberta de si mesmos — o completo oposto de projetar neles os nossos desejos, para que eles façam o que não fomos capazes de fazer.

Os pais costumam lidar com a questão conflituosa ao pensar: "Estamos educando nosso filho para ser um *virtuose* e deixar uma contribuição para o mundo ou nos interessa apenas que ele seja feliz?" Se houver conflito entre ser bem-sucedido e ser feliz, a resposta dependerá do filho, da essência e da existência dele, e não dos pais. Pessoas são diferentes e querem coisas diferentes, sem haver qualquer demérito entre essas escolhas.

O foco nos filhos viabiliza fazer essa leitura quando eles se encontram em uma situação conflituosa e de escolhas difíceis. Foco é a capacidade de não se desviar da meta original. Se a meta original for criar um ser humano autônomo, funcional, feliz ou bem-sucedido, os pais não devem abdicar dela.

Se alguém me perguntasse hoje o que eu mudaria na minha vida, tanto em âmbito profissional quanto pessoal, minha resposta seria "nada", com exceção de apenas um detalhe: "Eu teria prestado mais atenção. Em momentos como aquele na Catedral de Santa Sofia, ou esquiando na neve, eu teria focado no presente."

> **Foco é gerador de energia.**

Cronotipia do foco

O período de sono divide-se em: sono NREM (*Non Rapid Eye Movement*), que ocorre durante 70% a 75% da noite, e sono REM (*Rapid Eye Movement*), que dura em torno de 25% a 30% da noite. Por sua vez, o Sono NREM subdivide-se em três fases, cada uma com funções e características distintas.

Normalmente, ao longo de uma noite de sono de oito horas, tem-se de quatro a cinco ciclos, fluindo por todas essas fases. Os ciclos do sono duram cerca de noventa minutos e diminuem com o avanço da idade. Em bebês (recém-nascidos), o sono dura de 14 a 17 horas. Nos adolescentes, devido à explosão hormonal, a sonolência diurna aumenta e, consequentemente, a preferência por dormir e acordar tarde. Nos adultos, a média de sono é entre seis e oito horas; enquanto os idosos têm menos horas de sono, complementadas por pequenos cochilos ao longo do dia.

A importância de se conhecer o momento em que as funções cognitivas estão no auge reside em determinar os horários de trabalho mais eficientes, permitindo planejar os períodos de descanso mais convenientes.

Uma rotina de sono de qualidade pressupõe dormir entre sete e oito horas por noite, mas, em geral, não é isso que acontece. As pessoas têm dormido menos e alimentado hábitos de sono disfuncionais como: exposição excessiva à luz azul das telas; prática de atividades físicas perto da hora de dormir; uso descomedido de medicamentos e outras substâncias ao ir para cama.

Durante todo o período acordado, o cérebro faz sinapses constantemente, gerando acúmulo de peptídeos beta-amiloides, que precisam ser "limpos" durante o sono. E o excesso de beta-amiloides está associado ao Alzheimer.

A privação de sono, ainda, aumenta o risco de diabetes; hipertensão (das consequências mais simples até um AVC); obesidade, gerada pelo desequilíbrio de grelina/leptina, que leva ao consumo de alimentos mais gordurosos; além de alteração dos níveis de colesterol. Os distúrbios hormonais vão além:

homens que dormem de quatro a cinco horas por noite sofrem uma redução na testosterona comparável a homens dez anos mais velhos.

Outro aspecto importante é a diminuição ou a ausência de libido devido à reserva de energia que o cérebro faz para priorizar atividades mais importantes. Ao ser menos estimulada, a hipófise afeta a produção de testosterona, hormônio fundamental tanto para a libido masculina quanto para a feminina.

A falta do sono causa prejuízos pessoais, sociais e econômicos, enquanto sua rotina disciplinada só traz benefícios: ativa a memória; estimula a criatividade; acelera a velocidade de raciocínio; melhora o sistema imunológico; aumenta a disposição para atividades físicas e a propensão para se alimentar melhor, e muito mais.

Hoje, a maioria da população afligida por distúrbios do sono convive com problemas física e cognitivamente limitantes, além do cansaço que leva à queda da produtividade. Apenas uma privilegiada minoria goza da plenitude de suas capacidades e viverá com qualidade por muitos anos.

É alarmante constatar que muitos desses casos são gerados por problemas comportamentais, que poderiam ser simplesmente remediados com conscientização e mudanças de hábitos.

Pessoas diferentes têm ritmos circadianos e cronotipias distintas. Desde os tempos das cavernas — em que existiam turnos para vigília do grupo, a fim de evitar invasões de predadores ou tribos adversas —, os humanos apresentam diferentes horários de otimização de suas atividades e ciclos de sono.

> **Cronotipo matutino:** o pico de produção de melatonina ocorre antes da meia-noite. São indivíduos que precisam ir para a cama cedo e são mais ativos nas primeiras horas do dia. Em geral, dormem das 22h às 6h. De acordo com o Instituto Internacional de Melatonina, da Universidade de Granada, na Espanha, 25% da população é matutina.

> **Cronotipo vespertino:** o pico acontece bem mais tarde, às 6h. São aquelas pessoas que rendem melhor à noite, mas precisam prolongar o descanso até o início da manhã. O horário de sono costuma ser das 3h às 11h. Corresponde a 25% dos indivíduos.

> **Cronotipo intermediário:** a metade restante da população (50%) apresenta um cronotipo médio, ou seja, o pico de melatonina ocorre às três da manhã. Dormem geralmente da meia-noite às 8h.

Em linguagem científica, cronotipo é a sincronização dos chamados ritmos circadianos (ciclo fisiológico de aproximadamente 24 horas, que ocorre na maioria dos organismos vivos). É por isso que algumas pessoas são mais ativas durante o dia, e outras, à noite.

A melatonina, hormônio que também induz o sono, é responsável por administrar essa energia. Ela é liberada no escuro e determina em que momento do dia estamos mais despertos e, portanto, somos mais produtivos, definindo assim o cronotipo de cada um.

Respeitar o próprio cronotipo, sempre que possível, é uma estratégia importante para a manutenção do foco. Na epidemia da distração, não dormir bem é equivalente a manter um avião no ar durante mal tempo e combustível insuficiente. É a receita para o desastre.

> **O sono é a nossa manutenção preventiva. Se você tem um problema de sono, você tem um problema de foco.**

CAPÍTULO 10

Coragem

Nada nos humilha mais do que a coragem alheia.
Nelson Rodrigues

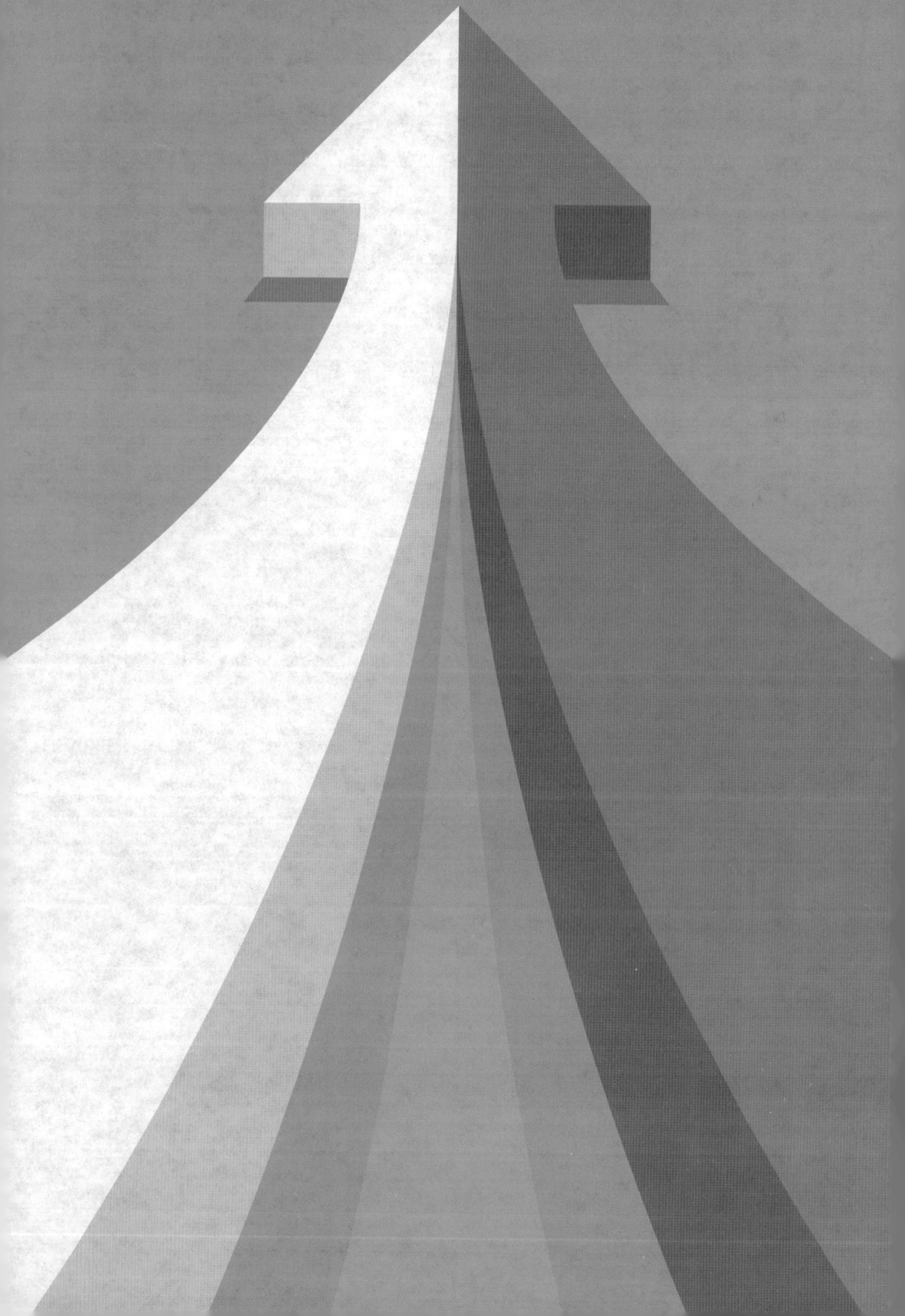

A paisagem do Vale do Swat apresenta imagens tão exuberantes que parecem ter saído das telas de Claude Monet. Localizado no noroeste do Paquistão, caracteriza-se pelo cenário montanhoso, que inclui a cordilheira Hindukush, todo cortado por rios. Em climas mais amenos, a vegetação inclui vastos campos, flores silvestres e florestas; no inverno, o verde dá lugar ao branco da neve, quando as montanhas se assemelham aos Alpes.

Por sua beleza e clima agradável, o Vale do Swat já foi um destino turístico atraente para aqueles que desejam desfrutar de paisagens deslumbrantes e conhecer melhor a cultura oriental. Isso mudou drasticamente em 2001, com a chegada do Talibã.

O grupo paramilitar surgiu no Afeganistão em 1994, após a saída da União Soviética do país, com o objetivo de impor uma interpretação rigorosa da *sharia*, a lei islâmica. Com o apoio de alguns setores e facções afegãs, o Talibã rapidamente ganhou o controle de grande parte do Afeganistão, incluindo a capital, Cabul, em 1996.

O Talibã manteria seu domínio sobre o Afeganistão até outubro de 2011, com a chegada das tropas norte-americanas. Como resposta aos ataques do 11 de setembro, os Estados Unidos implementaram a "Operação Liberdade Duradoura" no Afeganistão, de modo a impedir que o Talibã fornecesse suporte com abrigo e recursos para a Al-Qaeda, grupo terrorista que havia provocado os ataques. A chegada dos Estados Unidos enfraqueceu o grupo paramilitar no Afeganistão, que migrou a supremacia de suas forças para o país vizinho.

No Paquistão, o Talibã se estabeleceu e executou ataques a forças de segurança paquistanesas, atentados suicidas e sequestros. O governo paquistanês, por sua vez, implementou uma série de operações para combater a presença dos terroristas, a fim de recuperar a soberania de suas áreas. Os esforços, entretanto, não eram suficientes. Em 2007, a supremacia do Talibã no Paquistão já era inabalável.

No conflituoso cenário de belezas naturais exuberantes do Vale do Swat, rodeado pela truculência e terror impostos pelo Talibã, vivia a família Yousafzai. O casal Ziauddin e ToorPekai Yousafzai se mantinha fiel ao islã, mas fazia questão de que os três filhos frequentassem a escola e tivessem acesso à melhor educação disponível. Para Atal e Khushal, os filhos mais novos, isso continuaria sendo possível, apesar da interferência direta dos terroristas fundamentalistas na educação. No entanto, a filha mais velha, Malala, que em 2007 completava dez anos de idade, seria impedida de continuar os estudos, que passariam a ser um direito exclusivo dos meninos.

Por iniciativa própria e com o incentivo dos pais, Malala recusou-se a aceitar essas restrições e continuou a frequentar a escola em segredo. Com apenas 11 anos, começou a escrever para a BBC sob um pseudônimo a fim de denunciar as violações provocadas pelo regime Talibã e as dificuldades enfrentadas pelas meninas que queriam ir à escola.

Em 2012, acusada de fazer propaganda ocidental e desrespeitar as regras impostas, Malala foi alvejada por um atirador do Talibã em um ônibus escolar. Ela foi levada às pressas para o Reino Unido, onde recebeu tratamento médico.

Tomada por uma coragem irrefreável, desse episódio em diante a garota se tornou uma das vozes mais poderosas contra o terrorismo fundamentalista no Oriente. Em 2014, aos 17 anos, tornou-se a pessoa mais jovem a receber o Prêmio Nobel da Paz. Só em 2018 Malala retornaria ao Vale do Swat pela primeira vez após o atentado.

O medo começa com a percepção de uma ameaça ou perigo potencial; seja físico, como um predador, ou psicológico, como a possibilidade de perder o emprego. Ao identificar um risco, o cérebro ativa o sistema nervoso simpático, responsável pela resposta de luta ou fuga. A amígdala, localizada no interior do cérebro, sinaliza às glândulas suprarrenais para liberar hormônios como adrenalina e cortisol, o que prepara o corpo para reagir rapidamente.

Uma pessoa sem medo não é corajosa, é uma tola. Coragem não significa ausência de medo, e sim seguir em frente apesar dele. A coragem convive com o medo e faz dele um mecanismo de segurança, não de frenagem.

> Coragem não é ter forças para continuar. É continuar quando não se tem mais forças.

O temor está atrelado à consciência intrínseca da nossa humanidade. Diferentemente dos cães, dos macacos ou do gado, que só sentem medo perante a adrenalina provocada por uma ameaça iminente. Os seres senscientes convivem com o medo de maneira constante, e seu comportamento é condicionado por esse sentimento. O medo de adoecer, de sofrer um acidente, de ser flagrado fazendo algo indevido ou obsceno faz parte da existência e da efemeridade dela.

O filósofo Luiz Felipe Pondé defende que a consciência é uma espécie de desencaixe entre nós e o mundo. Esse desencaixe que impede a harmonia plena é a brecha pela qual entram a autoconsciência e o medo. Ainda segundo Pondé, por mais que o ser humano tenha evoluído, continuamos paleolíticos no que diz respeito a esse medo primal que todos temos em função da nossa consciência.

Coragem, portanto, não é enfrentar os terroristas com as nossas próprias mãos, mas encarar o cotidiano apesar desse medo primal que nos assola. Malala, ao corajosamente decidir continuar estudando apesar das intempéries, em face de uma situação extrema, fez essa escolha. Este é o caminho para sermos seres significativos e significantes.

A coragem deve ser sempre silenciosa e humilde. A verdadeira coragem não pede plateia. Por isso, o que importa é a coragem corriqueira de pedir desculpa, perdoar e esquecer.

O cérebro é um órgão insaciável, que busca nexo e sentido o tempo inteiro. O que não faz sentido racionalmente ou emocionalmente — como a morte de uma criança em um acidente de carro — nos amedronta. Esse fator gerador do medo só pode ser superado pela coragem entusiasmada de enfrentar o inesperado e o desconhecido.

> O primeiro a pedir desculpas é o mais corajoso. O primeiro a perdoar é o mais forte. E o primeiro a esquecer é o mais feliz.
>
> *Pierre Lux*

Voltando-se para dentro

Aristóteles foi um dos primeiros filósofos a explorar e definir a coragem como uma virtude moral e a incorporá-la em seu sistema ético, que teve um impacto duradouro na filosofia moral ocidental e na compreensão da coragem como uma qualidade virtuosa.

Em *Ética a Nicômaco*, ele defende que as virtudes morais estão localizadas entre dois extremos viciosos. No caso da coragem, esses extremos são a covardia (falta de coragem) e a imprudência (agir sem avaliar riscos).

A coragem envolve a capacidade de enfrentar o medo de maneira adequada e agir de acordo com a razão, mesmo quando enfrentamos perigos ou ameaças. No livro, o filósofo defende que esta habilidade pode ser desenvolvida e aprimorada por meio de instrução e treinamento, de maneira gradual e controlada.

Aristóteles considera a coragem uma virtude crucial para a busca da felicidade e do bem-estar. Ele argumenta que, sem coragem, outras virtudes podem não se manifestar plenamente, pois enfrentar dificuldades e riscos muitas vezes é necessário para agir virtuosamente. A busca da honra é um dos motivos pelos quais a coragem é valorizada na ética aristotélica.

Desde a Caverna de Platão, os vultos do desconhecido que se desfazem na escuridão assombram a humanidade. Mas nada nos assombra mais do que a clareza da nossa insignificância perante a imensidão do universo. É por isso lutamos diariamente para sermos relevantes.

Nesse sentido, o primeiro ato de coragem que proponho deve vir do autoconhecimento. Após uma autoanálise, tente responder para si mesmo, com sinceridade: "O que eu quero para minha vida?" Caso ainda não tenha se feito essa pergunta, existe uma decisão que lhe falta tomar. Além de pensar nos rumos da vida dos seus filhos, quando foi a última vez que você fez esta reflexão sobre si mesmo — você tem a coragem necessária para decidir entre ter sucesso e ser feliz, caso os caminhos não convirjam? Se quiser ter sucesso, o mundo te empurra. Se quiser ser feliz, o mundo te abraça. Ambos os caminhos exigem tipos de coragem diferentes.

> Existem dois caminhos que levam a uma tomada de decisão corajosa:
>
> ❯ *A coragem para investir em ativos de risco*, com maior potencial de retorno financeiro, por exemplo, está associada à busca pelo *sucesso*.
>
> ❯ *A coragem para pedir demissão de um emprego* que vai de encontro ao seu propósito pessoal está orientada à procura pela *felicidade* em primeiro lugar.
>
> ❯ *A coragem de falar em público* está ligada a uma atividade importante para o *sucesso*.
>
> ❯ *A coragem de se expor e falar o que pensa* reflete o desejo de não somatizar emoções negativas, um pressuposto de *felicidade*.
>
> Obviamente, esses dois caminhos podem estar entrelaçados, e sempre será necessário refletir e priorizar antes de ousar e agir.

Um levantamento feito pela autora Christie Hunter Arscott e publicado na *Harvard Business Review* aponta que 70% das mulheres consultadas que ocupam cargos de liderança (em países como Estados Unidos, Reino Unido, Austrália, Itália, Índia, Jamaica e Bermudas) afirmaram se sentirem inseguras e não terem autoconfiança. O fenômeno também atinge os homens, mas em menor proporção. O mais interessante é que, apesar desse sentimento, a insegurança não afetava o sucesso da maioria das profissionais. Isso porque elas tiveram *coragem* de se impor e construir carreiras bem-sucedidas, apesar do sentimento disfuncional. O outro lado da moeda é que a autoconfiança se mostrou um produto da coragem, já que, após ocuparem cargos de liderança e maiores ganhos financeiros, as profissionais passaram a se sentir mais confiantes no contexto em que estão inseridas.

A meu ver, a decisão entre ter sucesso e ser feliz é uma das principais que temos de tomar na vida. Importa dizer que, quanto antes a encaramos, mais cedo descobrimos qual é o tipo de coragem mais alinhado com quem somos.

> **É preciso decidir o que queremos ser para ser o que decidimos querer.**

Em um sentido mais amplo, mais do que a desinibição de se expor publicamente, enfrentar desafios e aproveitar oportunidades são atos de coragem. Analise quantas vezes você sentiu que deveria levantar e falar, mas não o fez. Quantas vezes durante uma reunião você pensou em se posicionar, mas se calou? Para Winston Churchill, um dos maiores oradores do século XX, cujos discursos deram ânimo e energia aos países Aliados na Segunda Guerra Mundial, coragem é o que é preciso para ficar de pé e falar.

Segundo o ex-primeiro-ministro britânico, coragem é também o que é preciso para se sentar e ouvir. Ou seja, no fundo, a coragem não se manifesta apenas em momentos altivos e épicos, mas está também incorporada ao cotidiano. A peculiaridade desta habilidade é que ela tem nuances distintas.

> O contrário da coragem não é o medo, e sim a covardia.

O *valor* do antifrágil

As Grandes Navegações realizadas pelos europeus nos séculos XV e XVI eram motivadas pelo desejo de encontrar novas rotas comerciais para o Oriente, expandir o cristianismo e conquistar territórios e riquezas. As descobertas científicas vieram a tiracolo, uma vez que era preciso desenvolver embarcações capazes de atravessar os oceanos — e de voltar para contar a história.

Com um conhecimento restrito do que os esperava, os navegadores lançavam-se corajosamente aos mares. Os escritos históricos deixados por figuras proeminentes como Cristóvão Colombo, Vasco da Gama, Fernão de Magalhães e Pedro Álvares Cabral remetem às aventuras épicas de Homero, narrando o retorno de Ulisses a Ítaca após a Guerra de Troia, na Odisseia.

Ao longo dos últimos séculos, observa-se a perda gradativa da coragem, em comparação com nossos antepassados. Essa decadência é ainda mais evidente nas gerações atuais, uma vez que a sociedade tem deliberadamente criado pessoas frágeis.

No livro *Antifrágil,* o ensaísta e pesquisador libanês Nassim Nicolas Taleb defende a importância da incerteza e da imprevisibilidade para formar indivíduos, entidades ou instituições mais sólidas, resilientes e corajosas. A ideia é contraintuitiva, levando em conta a preocupação quase obsessiva com segurança que hoje tem extrapolado o mero cuidado e se assemelha a um controle quase absoluto.

Não somos mais treinados para a guerra e para as aventuras como foram nossos antepassados; felizmente, porque não é mais necessário. No entanto, o excesso de segurança dedicado às gerações mais recentes tem as fragilizado a ponto de deixá-las acovardadas, com pouca ou nenhuma coragem de arriscar.

> **Todos os seus sonhos podem se tornar realidade se você tiver coragem para persegui-los.**
>
> *Walt Disney*

O mal do século

Quando estudava na Universidade de Harvard, Tim Urban era inteligente e talentoso. Mas, na reta final do curso, diante da iminência de redigir sua monografia, Tim encarou um complicador que era capaz de drenar toda sua atenção: as telas.

Diante de um longo prazo para redigir a monografia, Tim foi deixando o tempo passar. Sua procrastinação atingiu o ápice quando a data de entrega estava muito próxima e ele não havia escrito nada: sobravam apenas dois dias para produzir as noventa páginas que deveriam ter sido escritas ao longo de semanas.

Ansioso e estressado, às vésperas do fim do prazo, Tim se trancou no quarto e escreveu freneticamente. Foram duas noites em claro para concluir a monografia, atormentado pelo que ele posteriormente chamaria de "Monstro", em seu TED Talk, para se referir ao estresse relacionado ao prazo.

Ao perceber que sua procrastinação era um problema real e que de fato prejudicava sua vida acadêmica, carreira e bem-estar, Tim decidiu enfrentar a questão e se dedicar a compreender o fenômeno de maneira mais profunda. Tim Urban se tornou autor e palestrante, conhecido pelo blog "WaitButWhy", no qual aborda por que as pessoas procrastinam e como é possível superar esse hábito prejudicial.

A procrastinação é um sintoma da falta de coragem, potencializado pelas distrações inerentes de nosso tempo. Basicamente, deixar para depois é um pequeno ato de covardia que impede as pessoas de enfrentarem a necessidade de fazer algo e assumir a responsabilidade.

Quando eu era redator, toda segunda-feira eu precisava entregar um artigo. Então, domingo à noite, embalado pelo som do *Fantástico*, ficava apreensivo pela necessidade de ter uma boa ideia ou a criatividade para escrever qualquer coisa.

Em dado momento, percebi o tamanho do meu equívoco: o esforço que eu precisava dedicar ao artigo naquele momento era muito maior do que seria se eu tivesse começado a escrevê-lo com antecedência. Quando me dei conta, assim como Tim Urban, mudei radicalmente de atitude.

Covardia corporativa

De acordo com a teoria da evolução, o medo é uma resposta natural e intuitiva ao perigo iminente. Em um mundo que mudava lentamente, o perigo gerava o medo, que por sua vez evitava que os indivíduos se expusessem ao risco que ameaçasse sua sobrevivência.

Hoje, o mundo muda a uma velocidade exponencial, e a coragem não só é incentivada como também valorizada, uma vez que a exposição ao risco se tornou ainda mais frequente.

Se no passado era preciso temer para sobreviver, atualmente as organizações correm perigo se não se arriscarem, pois, caso contrário, acabam ficando para trás. A coragem passou a significar segurança e sobrevivência; e a falta dela, um sinal de alerta para o fracasso.

Mas é interessante observar como algumas pessoas ainda se sentem diminuídas diante da coragem alheia. A coragem e a autoconfiança que operam em certos indivíduos como uma força propulsora e lhes proporcionam louros as fazem sentir diminuídas e inseguras — seja no campo de batalha ou no escritório; seja na guerra ou em casa.

> **Muitas empresas estão acovardadas perante a concorrência, o desconhecido, a instabilidade, a recessão. O medo que sempre as protegeu agora está fragilizando-as. Aos gestores, então, deixo uma provocação: neste cenário, sua organização deseja *não morrer* ou deseja *viver*?**

Não há receita para se tornar um bom executivo e gerir uma empresa de sucesso, mas existem algumas qualidades que precisam, sim, estar presentes. A primeira é coragem. Coragem de divergir, coragem de se expor, de assumir riscos e de defender as próprias ideias. Aquele que se acovarda, se omite, acaba sendo menos exposto e não é submetido ao escrutínio dos demais, mas também desvaloriza o próprio passe. É muito mais fácil alcançar o sucesso profissional errando de vez em quando por ousar sempre do que acertando sempre por não assumir riscos nunca.

Alguns já entenderam que hoje as empresas não morrem mais por fazer a coisa errada, e sim por fazer a coisa certa por tempo demais. Organizações que assistem aos concorrentes pivotarem, enquanto elas continuam seguindo o mesmo rumo, tendem a fracassar. A cultura corporativa acaba influenciando a organização a agir de forma mais corajosa ou mais acovardada.

A coragem corporativa é definida pela cultura da empresa. Existem organizações que incentivam os colaboradores a se exporem e, consequentemente, a terem mais coragem. Outras, pelo contrário, acovardam os corajosos, dando-lhes a sensação de que é melhor não entrar em conflitos para não gerar problemas. Este é um tipo de cultura degenerada, que acovarda e destrói o ímpeto competitivo da organização.

Além da cultura, alguns departamentos costumam ser mais avessos ao risco do que outros, e isso se reflete na postura de líderes, gestores e demais colaboradores. Em geral, uma das áreas mais acovardadas é a de gestão de pessoas. No Capítulo 8, falo da importância de somar pontos de vista divergentes dentro da organização, para se chegar a soluções múltiplas e criar conexões mais profundas com públicos variados. No processo seletivo, porém, essa área é conservadora e tem medo de contratar pessoas rebeldes, questionadoras, por medo de arriscar a convivência e integração do time. Sob a égide do medo, põe-se em risco a empatia, a criatividade, o intraempreendedorismo e a capacidade persuasiva dentro da empresa. Desprestigiados pelas empresas, os rebeldes são obrigados a criar suas próprias empresas — daí surgem verdadeiras gigantes de disrupção, como Facebook, Apple e Tesla.

As áreas de finanças, por sua vez, são naturalmente acovardadas, em geral por orientação expressa do conselho direto. Porém uma terceira área, que poderia ser muito mais expressiva, mas se resigna em absoluta covardia, é a TI. Uma vez que a ordem expressa é minimizar os riscos, o pensamento algorítmico mantém a área de tecnologia das empresas restrita a seguir regras estritas. Não se pode esperar que uma pessoa que evita problema o tempo inteiro se sinta estimulada a arriscar ou tenha coragem para experimentar.

E onde sobra mais coragem? Na área de vendas. Como as demandas da empresa e do cliente são inúmeras, o vendedor promete coisas que beiram o impossível, vende o que não tem, e depois se vira para atender a todos; caso contrário, ninguém ficará feliz e a cabeça dele estará a prêmio.

Perceba que não se trata de juízo de valor, e sim de uma análise objetiva de como se dá o comportamento setorizado das empresas no que tange à habilidade em questão. Muitas vezes, o indivíduo em si não é mais ou menos corajoso, mas a missão dada faz aflorar uma disposição para a coragem ou uma postura mais conservadora. Por outro lado, o perfil do próprio indivíduo muitas vezes o faz buscar posições mais alinhadas com esse perfil, em áreas nas quais a coragem seja mais bem recebida.

A coragem de assumir responsabilidades, de fazer a moral aristocrata se sobrepujar sobre a moral escrava, é um desafio necessário no universo corporativo. Mesmo que isso exija seu envolvimento pessoal e uma grande dose de coragem, é fundamental entender que assumir a responsabilidade por eventuais erros ou transformar um mal maior em um mal menor demanda que as organizações deem espaço para que as pessoas possam agir.

O repertório de uma pessoa também fortalece a coragem, no entanto, ele é proporcional à sua curiosidade. Quanto maior é nosso domínio da situação, maior é nossa coragem de arriscar. Então é natural que essa virtude se expresse proporcionalmente ao repertório, embora não seja essa regra. Conheço pessoas que têm um repertório imenso, mas não ousam se pronunciar com assertividade por causa de outros condicionantes, como a timidez.

Eu mesmo sou extremamente tímido. Essa timidez quase patológica me fez precisar adquirir um repertório muito maior do que a maioria das pessoas com as quais eu competia, de modo que ele me desse uma dose adicional de coragem para me manifestar e ser percebido na multidão. No meu caso, o repertório se tornou a matéria-prima para burlar a limitação e simular uma ousadia que eu não tinha. Somado a outras habilidades, como adaptabilidade orientada ao planejamento e otimismo, consigo administrar diariamente o que, de outra forma, teria sido uma limitação.

No âmbito neurológico, temos em nós o ser primal, uma expressão mais primitiva e que se manifesta quando o córtex pré-frontal é "desativado" pela amígdala em casos de perigo extremo. Se estiver andando na rua e de repente uma pessoa me apontar uma arma, meu raciocínio será afetado para dar lugar à reação primitiva de luta ou fuga. Então, impedir a amígdala de desligar o córtex pré-frontal, apesar do estresse permanente, é uma capacidade relevante que está atrelada à moderação da coragem, antes que ela vire imprudência e provoque reações desmedidas. Afinal, em momentos de estresse dentro de uma empresa, precisamos controlar o ser primal e tomar decisões racionais, apartadas do nosso instinto de sobrevivência animal.

Basicamente, no plano empresarial, um ambiente que incentiva a coragem é um ambiente que agrega múltiplas habilidades combinadas. Para isso, é preciso aceitar o gerenciamento de riscos e partir do princípio de que vale a pena incutir essa habilidade nas pessoas.

> **Se você tem algo a dizer, o silêncio é uma mentira.**
>
> *Jordan Peterson*

A ignição do medo

À primeira vista julgamos que o medo paralisa e a coragem move. Aprendemos que os heróis vão para a frente, enquanto os covardes ficam para trás. Que é a coragem que faz as pessoas e empresas tomarem boas decisões. Entende-se que avançar significa ousadia e paralisar é sintoma de covardia. Com isso, acabamos traduzindo "medo" como função estática e "coragem" como atividade dinâmica das pessoas e organizações.

Pode ser uma surpresa, mas na verdade o medo é também o elemento que move as empresas e executivos, transformando-se numa grande força propulsora de decisões de gestão. E se isso já era verdade antigamente, agora é mais do que nunca.

Quando Pedro Álvares Cabral chegou ao Brasil, foi financiado por Portugal, que temia o domínio marítimo dos espanhóis. E a história está cheia de exemplos de povos que se atiraram numa guerra suicida por temerem serem atacados. Afinal, o que foi a Guerra Fria senão duas nações com tanto medo a ponto de ambas estarem dispostas a levar o planeta à extinção com um ataque nuclear?

Graças aos nossos primitivos instintos de sobrevivência, os quais descrevo no início deste capítulo, e à consequente reação de luta ou fuga, o medo opera também como uma espécie de motor que pode, sim, mover o mundo, por mais contraintuitivo que isso pareça.

O medo freia ou acelera. Faz pessoas e empresas agirem ou, algumas vezes, ficarem paralisadas. E a verdade é que a maioria dos empresários e executivos hoje são movidos por esse sentimento. Às vezes se movimentam pelo simples receio de que seu concorrente o faça antes deles. Outras vezes não se mexem com receio de tomar decisões equivocadas.

Associado ao *fight or flight*, líderes e executivos convivem com um *stop or go*, definido pelo sentimento de insegurança que acaba movendo as empresas por um lado e paralisando por outro. Por vezes, acabam vendendo parte de seu negócio ou se associando a uma multinacional com medo dos efeitos da globalização. Investindo mais do que poderiam em tecnologia por temerem ficar para trás.

Esta é mais uma razão que deixa evidente como medo e coragem não são necessariamente opostos. Em alguns casos, quando o medo se impõe, ele se torna a força motriz para a tomada de decisões difíceis, porém ousadas e corajosas, que não seriam tomadas de outra forma senão por essa imposição, e que em última análise resultarão em benefícios no longo prazo.

O medo se manifesta por uma tríade de dúvidas, inseguranças, incertezas e é a tônica atual do processo decisório. É um sentimento permanente. A única coisa que se altera é o seu efeito positivo ou negativo.

O medo positivo é combustível para a coragem e impulsiona a economia. Faz com que as empresas se expandam, acelerem suas decisões de investimento. No entanto, a dualidade inclusiva do trinômio medo-coragem-decisão é uma faca de dois gumes bastante afiada. Afinal, quando esse vetor muda de direção, a espiral se torna descendente e todos param de investir.

Essa é uma das explicações de porque as crises aparecem de maneira tão repentina e inesperada. Líderes e gestores devem ter em mente que qualquer decisão empresarial precisa ser baseada em coragem, e não em medo. Porque se os retornos das decisões podem ser benéficos quando decidimos por medo, os riscos não são mensurados adequadamente e também acabam sendo exponenciais.

Toda decisão baseada na coragem, seja ela de avançar ou parar, é um processo equilibrado, sereno e consciente. Leva em conta fatores reais de avaliação e permite o controle do processo nas mãos da organização. Já a decisão pelo medo é exógena, repleta de variáveis incontroláveis. Quem decide não é você, e sim os humores do mercado, os movimentos de seu concorrente, as notícias da mídia. Por isso, sempre que uma empresa toma decisões baseada no medo, está se jogando no desconhecido.

Alguém já disse que a esperança venceu o medo. Na política, pode até ser, mas no mundo dos negócios ele continua reinando absoluto, transformando a todos nós em verdadeiras vítimas do critério, levando-nos a decisões equivocadas, irracionais, emocionais e anacrônicas. É preciso muita coragem para mudar esse cenário.

Para Aristóteles, a coragem envolve equilíbrio e autocontrole. Não se trata de agir impulsivamente ou de maneira imprudente, mas sim de enfrentar os medos com moderação e sabedoria, de acordo com a razão.

> **Às vezes eu acerto, outras vezes eu aprendo.**

Direção editorial
Daniele Cajueiro

Editor responsável
Hugo Langone

Produção editorial
Adriana Torres
Júlia Ribeiro
Mariana Oliveira

Copidesque
Marina Góes

Revisão
Alice Cardoso
Theo Araújo

Projeto gráfico de miolo
Douglas Watanabe

Diagramação
Ranna Studio

Este livro foi impresso em
2024, pela Vozes, para a Agir.